もやもやを解消！

# フランス語文法ドリル

稲垣正久
Masahisa INAGAKI

SANSHUSHA

## はじめに

　「初級文法は一通り習ったけど、十分に理解できたかあやしいなあ」「覚えなくてはいけない変化が多すぎてついていけない」「昔勉強したけど、だいぶ忘れてしまったからもう一度文法を復習したい」「とにかくあやふやな個所がたくさん。頭の中を整理したい」…このような症状にお悩みの方はいませんか？

　フランス語を始めたものの中断したままの方、継続はしているけど初級文法を完全にマスターしたとはとても言えないと思っている方、そういった"faux débutants"（初心者もどき）を対象に本書は書かれています。

　本書は、多くの学習者が苦手と感じる30項目を取り上げています。動詞の活用、代名詞、その他の3部構成で、各課の最初の2ページはテーマ別の解説です。「キホンのルール」と、ステップアップに欠かせない「ポイント」を、なるべく簡潔にまとめました。3ページ目は練習問題です。4ページ目には「すっきり」として、その項目をどう理解すればいいかのヒントを簡潔に記しました。「＋α」には、覚えておきたいその他の文法事項や、ボキャブラリーを豊かにする重要単語を追加しました。なお、本文中ではあえて単語に訳語をつけていません。辞書などを使って調べる習慣をつけることで単語力も養えるようにしました。

　ご存じのとおり、フランス語文法はかなり複雑な構造をしています。動詞の活用を始め、多種多様な代名詞、形容詞や過去分詞の性数変化など、覚えなければいけない項目が目白押しです。もちろん、今すぐ全部覚えなくてもいいのです。一度ですべてをすっきりさせるような「魔法の杖」などないのですから。でも、いつかはきっとマスターしたいですよね。根気よくゆっくり続けていきましょう。本書が、みなさんの「もやもや」を「すっきり」させる一助となれば幸いです。

　みなさんが長くフランス語と親しめるよう願っています。

稲垣正久

# フランス語文法
## ここがもやもやする

**動詞**

- je sois
- je serais
- j'ai été
- j'étais
- je suis

**関係代名詞**

- duquel / de laquelle
- dont
- où
- que
- qui

## 本書の使い方

本書は、入門文法書を終えたレベルの人が、初級文法の苦手な個所を無理なく習得、次のステップに進めるように配慮しました。

**①「キホンのルール」**
この文法項目で、基本となる知識です。うろ覚えの場合は、しっかり復習しましょう。

**②「ポイント」** この文法項目をより深く理解するためのポイントです。「キホンのルール」の細則、例外などにあたります。

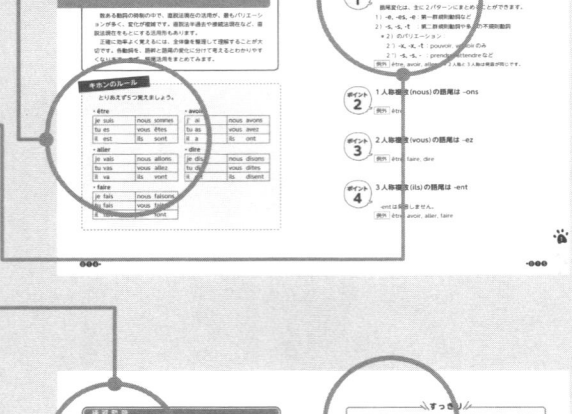

**③「練習問題」** 前のページの知識を生かして問題を解いてみましょう。解答は巻末にあります。全問解き終わってから見るようにしましょう。

**④「すっきり」** この文法項目を攻略するための公式、アドバイスをまとめました。

**⑤「+α」** 練習問題中に含まれる語法などを中心に補足説明しています。表現の幅を広げるのにも有効です。余裕のある人はぜひ活用ください。

＊巻末付録「フランス語文法早わかりシート」は、各課の「キホンのルール」「ポイント」をもとに再構成しています。

フランス語文法ここがもやもやする .................................................... 4
本書の使い方 ............................................................................................. 6

## 第1部　動詞の活用がもやもやする！

**1** 直説法現在 ........................................................................................ 14
不規則活用はいったいいくつ覚えればいいの？

**2** -er動詞 ............................................................................................... 18
規則動詞なのに例外があるの!?

**3** -ir動詞 ............................................................................................... 22
finirとpartirで活用が違うのですか？

**4** -re, -oir動詞 ..................................................................................... 26
けっきょく、動詞の活用は丸暗記しかないの？

**5** 複合過去① ...................................................................................... 30
助動詞がavoirかêtreかどうやって覚えるのですか？

### 6 複合過去② ……………………………………………… 34
否定するときの語順に自信がありません…。

### 7 複合過去と半過去 ……………………………………… 38
「〜しました」「〜していました」の違いがわかりません。

### 8 その他の時制 …………………………………………… 42
全部で8つ!?　多すぎて覚えきれません！

### 9 代名動詞 ………………………………………………… 46
過去分詞の性数一致はするのですか？　しないのですか？

### 10 受動態 …………………………………………………… 50
時制はどうやって表すのですか？

### 11 ジェロンディフ ………………………………………… 54
「〜しながら」以外にどんな用法がありますか？

### 12 分詞構文 ………………………………………………… 58
ジェロンディフとの違いがわかりません…。

### 13 条件法の活用、用法① ………………………………… 62
未来形との区別が難しいです。

**14** 条件法の用法② ......................................................................66
仮定文以外にはどんな使い方がありますか？

**15** 接続法の活用 ..........................................................................70
直説法と似ていて混同してしまいます。

**16** 接続法の用法 ..........................................................................74
どんなときに使うのでしたっけ？


## 第2部　代名詞がもやもやする！

**17** 補語人称代名詞 ......................................................................80
代名詞をどこに置けばいいのかよくわかりません。

**18** 中性代名詞 ..............................................................................84
en, y, le…どう使い分ければいいですか？

**19** le, la, lesとen ........................................................................88
どっちを使えばいいですか？

**20** 代名詞の語順 ............................................................... 92
「私に」「それを」…どっちが先？

**21** 肯定命令文の代名詞 ................................................... 96
平叙文と語順が違うのですか？

**22** 関係代名詞 qui, que, où, dont ................................. 100
dont の使い方がよくわかりません。

**23** 前置詞を伴う関係代名詞 ........................................... 104
前置詞の使い方がよくわかりません。

**24** 関係代名詞 dont と duquel, de laquelle ... ............ 108
どれを使えばいいのですか？

**25** 指示代名詞 .................................................................. 112
種類が多くて使い方がよくわかりません。

## 第3部　性数一致、比較級・最上級…まだまだもやもやする！

**26** 過去分詞の性数一致 ......................................................... 118

いつ、何と一致するのでしたっけ？

**27** 特殊な比較級・最上級 ...................................................... 122

meilleur, mieux 以外にもあるのですか？

**28** 使役・知覚動詞 ................................................................ 126

語順はすべての動詞で同じですか？

**29** 間接話法 ............................................................................ 130

変換方法が複雑です。

**30** que の用法 ........................................................................ 134

長い文書を読むのが苦手です。

練習問題の解答 ......................................................................... 138

フランス語文法早わかりシート ............................................. 144

時制のまとめ ............................................................................. 158

# 第1部

## 動詞の活用がもやもやする！

　フランス語には様々な文法のルールがあります。中でも学習者が最も時間をかけなければならないのは、間違いなく動詞の活用でしょう。何しろ、1つの動詞が1つの時制で、1、2、3人称、単数・複数と6つ変化し、時制の数が直説法だけで8つ、さらに条件法、接続法まであるのです。
　この膨大な情報をいかに処理するかが、フランス語をマスターする上での最初にして最大の関門なのです。でも大丈夫、今から1つずつ解きほぐしていきましょう。

## もやもや 1 　直説法現在

### 不規則活用はいったいいくつ覚えればいいの？

　数ある動詞の時制の中で、直説法現在の活用が、最もバリエーションが多く、変化が複雑です。直説法半過去や接続法現在など、直説法現在をもとにする活用形もあります。

　正確に効率よく覚えるには、全体像を整理して理解することが大切です。各動詞を、語幹と語尾の変化に分けて考えるとわかりやすくなります。まず、語尾活用をまとめてみます。

### キホンのルール

とりあえず5つ覚えましょう。

- être

| je suis | nous sommes |
|---|---|
| tu es | vous êtes |
| il est | ils sont |

- avoir

| j' ai | nous avons |
|---|---|
| tu as | vous avez |
| il a | ils ont |

- aller

| je vais | nous allons |
|---|---|
| tu vas | vous allez |
| il va | ils vont |

- dire

| je dis | nous disons |
|---|---|
| tu dis | vous dites |
| il dit | ils disent |

- faire

| je fais | nous faisons |
|---|---|
| tu fais | vous faites |
| il fait | ils font |

これらの5動詞は例外として、残りの動詞には以下のような規則性があります。

## 単数人称（je, tu, il）はほとんどの動詞で発音が同じ

　語尾変化は、主に2パターンにまとめることができます。
1）**-e, -es, -e**：第一群規則動詞など
2）**-s, -s, -t**　：第二群規則動詞や多くの不規則動詞
　＊2）のバリエーション：
　　2'）**-x, -x, -t**：pouvoir, vouloirのみ
　　2"）**-s, -s, -**　：prendre, attendreなど
|例外| être, avoir, aller　＊2人称と3人称は発音が同じです。

## 1人称複数 (nous) の語尾は –ons

|例外| être

## 2人称複数 (vous) の語尾は –ez

|例外| être, faire, dire

## 3人称複数 (ils) の語尾は -ent

　-entは発音しません。
|例外| être, avoir, aller, faire

## 練習問題

日本語訳を参考に、次の動詞を正しい形に活用して入れましょう。
[être, avoir, aller, faire, dire]

❶ Cet appareil-photo (　　　) à Pascal.
　このカメラはパスカルのものです。

❷ M. et Mme Martin (　　　) de leur fils un médecin.
　マルタン夫妻は息子を医者にします。

❸ Vous ne (　　　) pas la vérité.
　あなたは本当のことを言っていません。

❹ J'(　　　) une faim de loup.
　腹ペコだ。

❺ Cette veste (　　　) bien avec votre chemise rose.
　このジャケットはあなたのピンクのシャツによく似合います。

❻ Nous (　　　) en train de préparer le dîner.
　我々は夕食を作っている最中です。

❼ Qu'est-ce que vous (　　　) dans la vie ?
　ご職業は何ですか？

❽ Beaucoup de jeunes (　　　) contre ce projet de loi.
　多くの若者がその法案に反対です。

❾ Tu (　　　) quel âge ?
　何歳ですか？

❿ Ils (　　　) partir pour la France dans trois jours.
　彼らは３日後にフランスに向けて出発します。

## すっきり

複雑に見える直説法現在の活用も、語尾変化に限って考えれば比較的単純に整理することができます。

| je  -e / -s  | nous -ons |
|--------------|-----------|
| tu  -es / -s | vous -ez  |
| il  -e / -t  | ils  -ent |

例外の5つの動詞 être, avoir, aller, faire, dire (vousだけ) の活用は、暗記してしまいましょう。

*Révisons un peu*

## +α  基本構文

外国語の習得には構文の知識が不可欠です。特に、フランス語の特徴の1つといえる代名詞を理解するのに不可欠です。文章を読み解くのにも重要です。幸い、フランス語の基本構文は英語と似ています。

1）**主語＋動詞**
　　Paul chante.　ポールは歌う。
2）**主語＋動詞＋属詞（補語）**
　　Elle est étudiante.　彼女は学生だ。
3）**主語＋動詞＋直接目的補語（COD）**
　　J'ai une voiture.　私は車を1台持っている。
4）**主語＋動詞＋間接目的補語（COI）**
　　Tu ressembles à ta mère.　君はお母さん似だね。
5）**主語＋動詞＋直接目的補語＋間接目的補語**
　　Nous donnons un bouquet à Marie.　私たちはマリーに花束をあげる。
6）**主語＋動詞＋直接目的補語＋属詞**
　　Je trouve ce film intéressant.　私はこの映画を面白いと思う。

## もやもや 2 　-er動詞

### 規則動詞なのに例外があるの!?

不規則な活用をする5つの動詞は暗記が必要ですが、ここからはその他の動詞の活用を分類、整理しましょう。不定法の語尾の型によって、-er, -ir, -re, -oir の4つに分類します。

### キホンのルール

この課では、-er型の動詞（第一群規則動詞）を学習します。動詞の90％以上がこの型に属します。

**語尾活用：-e, -es, -e, -ons, -ez, -ent**

このグループには大きく3つのバリエーションがあります。

### ポイント 1　-e 子音 er：不定法の語尾から4番目にeがある動詞

**1) acheter**

nous, vous以外の4つの人称でeの上にアクサングラーヴがつきます。

| | |
|---|---|
| j' achète | nous achetons |
| tu achètes | vous achetez |
| il achète | ils achètent |

**2) appeler**

1)と同じ4つの人称で、[ɛ]の音を表すため後に続く子音を重ねます。

| | |
|---|---|
| j' appelle | nous appelons |
| tu appelles | vous appelez |
| il appelle | ils appellent |

＊ほとんどの動詞は１）グループに属し、２）は基本語彙の中ではappeler, jeterとその派生語（rappeler, projeterなど）に限られます。

### 3) préférer

不定法の語尾から４番目がéの動詞は、nous, vous以外の４つの人称でアクサンの向きが変わります。

| je préfère | nous préférons |
| tu préfères | vous préférez |
| il préfère | ils préfèrent |

## ポイント2　-ger, -cer

発音を忠実に表記するために、nousの活用が少し変化します。

| manger | → | nous mangeons |
| commencer | → | nous commençons |

## ポイント3　-yer：単数と３人称複数の４つの人称でy→i

1) –ayer：２種類の活用がある動詞

**payer**

**規則通り**

| je paye | nous payons |
| tu payes | vous payez |
| il paye | ils payent |

**変型**

| je paie | nous payons |
| tu paies | vous payez |
| il paie | ils paient |

2) -uyer, -oyer：変型のみ

**appuyer**

| j' appuie | nous appuyons |
| tu appuies | vous appuyez |
| il appuie | ils appuient |

**employer**

| j' emploie | nous employons |
| tu emploies | vous employez |
| il emploie | ils emploient |

## 練習問題

日本語訳を参考に、正しい動詞を選んで活用しましょう。

[ enlever, mener, jeter, lancer, ranger, posséder,
rappeler, essayer, essuyer, envoyer ]

❶ J'ai chaud et j'( ) ma veste.
暑いね。ジャケットを脱ぐよ。

❷ Vous ( ) la table.
テーブルを拭いてね。

❸ Stéphane ne ( ) pas de voiture.
ステファンは車を持っていない。

❹ Ces temps-ci, certains étudiants ( ) une vie irrégulière.
近ごろは、何人かの学生が不規則な生活を送っている。

❺ Pauline ( ) régulièrement des e-mails à ses parents.
ポーリーヌは両親に定期的にメールを送っています。

❻ Je te ( ) un peu plus tard.
後でかけ直すよ。

❼ Nous ne ( ) pas bien notre chambre.
僕たちは部屋をちゃんと片付けない。

❽ Est-ce que tu ( ) ce pantalon ?
このパンツ試着してみる?

❾ Nous ( ) bientôt un nouveau produit.
われわれは近々新製品を発売する。

❿ Tu ne ( ) pas tes affaires par terre.
荷物を放り出さないで。

## すっきり

　第一群規則動詞のバリエーションは、発音をより正確に文字で表そうとした結果生じたものです。一定のパターンがあるので、慣れてくればそれほど苦にはなりません。いずれにせよ、すべてマイナーチェンジです。動詞の大半がこの規則的な活用なのだという事実を念頭に置いて、気楽にそして気長に頑張りましょう。

*Révisons un peu*

### +α　否定の de

　直接目的語につく不定冠詞、部分冠詞は否定文では de(d') になります。

Nous avons <u>des</u> enfants. → Nous n'avons pas **d'**enfants.
　　　　　　　　　　　　　　　私たちには子どもがいません。

Tu as <u>du</u> courage. → Tu n'as pas **de** courage.
　　　　　　　　　　　　君は勇気がない。

　ただし、定冠詞は変わりません。
Ma femme n'aime pas **les** chats.
妻は猫が好きではない。

　直接目的語ではなく属詞の場合もそのままです。
« Ceci n'est pas **une** pipe. »
『これはパイプではない』（ルネ・マグリット）

# もやもや 3 -ir動詞

## finirとpartirで活用が違うのですか？

-er型の動詞は、多少の変形があるにせよ、allerを除いてすべて第一群規則動詞でした。ところが、-ir動詞は主に4種類の重要な活用形があるので、それらを混同しないよう注意が必要です。

### キホンのルール

**第二群規則動詞：finir型**

| je finis | nous finissons |
|---|---|
| tu finis | vous finissez |
| il finit | ils finissent |

複数人称において-ss-という綴りが出てくるのが特徴です。-ir動詞の中では最も数が多い活用形です。

## ポイント 1

### partir型

| je pars | nous partons |
|---|---|
| tu pars | vous partez |
| il part | ils partent |

複数人称で不定法の語尾から3番目の子音（partir の-t-）が出てきます。ほかに、sortir, servir, dormir, sentir, mentirとこれらに接頭辞がついたもの（ressortir, s'endormir, consentirなど）があります。

### venir型

| je viens | nous venons |
|---|---|
| tu viens | vous venez |
| il vient | ils viennent |

　語幹が3種類に変化するのが特徴です。ほかには、tenirと、接頭辞がついたもの（devenir, retenirなど）があります。

### ouvrir型

| j' ouvre | nous ouvrons |
|---|---|
| tu ouvres | vous ouvrez |
| il ouvre | ils ouvrent |

　直説法現在の活用は第一群規則動詞と同じです。ほかには、offrir, souffrirがこの活用です。派生語にはdécouvrirなどがあります。

### その他

　-ir型の動詞には、上記のいずれにも属さないものがいくつかあります。courir (parcourir), cueillir (accueillir)などは覚えておきましょう。

#### courir

| je cours | nous courons |
|---|---|
| tu cours | vous courez |
| il court | ils courent |

#### cueillir

| je cueille | nous cueillons |
|---|---|
| tu cueilles | vous cueillez |
| il cueille | ils cueillent |

## 練習問題

日本語訳を参考に、正しい動詞を選んで活用しましょう。

[ choisir, réussir, obéir, dormir, servir,
revenir, retenir, offrir, souffrir, accueillir ]

❶ Ici, est-ce qu'on (　　　　) chaleureusement les touristes ?
　ここでは観光客を熱烈歓迎しますか？

❷ (　　　　)-t-elle de la canicule, elle aussi ?
　彼女も猛暑に苦しんでいますか？

❸ Les élèves n'(　　　　)-ils pas à leur professeur ?
　生徒たちは先生の言うことを聞かないのですか？

❹ Quand est-ce que tu (　　　　) de tes vacances ?
　いつヴァカンスから戻ってくるの？

❺ Qu'(　　　　)-vous à votre femme pour son anniversaire ?
　奥さんの誕生日に何を贈りますか？

❻ Est-ce que je (　　　　) aux examens ?
　試験に受かるだろうか？

❼ À quoi ces appareils (　　　　)-ils ?
　これらの機械は何に使うの？

❽ (　　　　)-vous bien vos larmes ?
　泣くのを我慢していますか？

❾ Vous (　　　　) combien d'heures par jour ?
　1日何時間寝ていますか？

❿ Qu'est-ce que nous (　　　　) comme boisson ?
　飲み物は何にしようか？

> ＼すっきり／
>
> -ir型には第二群規則動詞以外に、partir, venir, ouvrir型などの不規則活用グループがあります。少し数が多いですがしっかり区別しましょう。上級者でも、意外に混同してしまうことが多いですよ。

*Révisons un peu*

### +α　　　倒置疑問文

３人称単数の活用が母音で終わる場合は、動詞と主語の間に -t- を挿入します。
Chante-t-elle bien ?
彼女は歌が上手ですか？

主語が一般名詞や固有名詞の場合は、代名詞に置き換えて倒置します。
Sylvie et Michel viennent-ils à la fête ?
シルヴィーとミシェルはパーティーに来ますか？
La gare est-elle loin ?
駅は遠いですか？

# もやもや 4 -re, -oir 動詞

## けっきょく、動詞の活用は丸暗記しかないの？

不定法が-re, -oirで終わる動詞はすべて不規則動詞です。しかし、不規則の中にも規則性があります。注目すべきは語幹の変化です。語尾活用同様、語幹の変化も4つのパターンにまとめることができます。

### キホンのルール

#### 語幹のパターンは4つ

①すべての人称で語幹が変化しない

②単数人称と複数人称で語幹が変わる

③単数人称と3人称複数が同じ語幹

④語幹が3種類あるもの

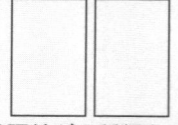

### ポイント 1  すべての人称で語幹が変化しないもの

第一群規則動詞やouvrirなどがこの型です。

**attendre**

| j' attends | nous attendons |
| tu attends | vous attendez |
| il attend | ils attendent |

## ポイント2 単数人称と複数人称で語幹が変わるもの

-re動詞の多くがこの型です。第二群規則動詞やpartir型もこのグループです。

**lire**

| je lis | nous lisons |
|---|---|
| tu lis | vous lisez |
| il lit | ils lisent |

**écrire**

| j' écris | nous écrivons |
|---|---|
| tu écris | vous écrivez |
| il écrit | ils écrivent |

## ポイント3 単数人称と3人称複数（ils）が同じ語幹のもの

nousとvousで i → y になります。第一群規則動詞の変形 (acheter, appuyerなど)もこのグループです。

**voir**

| je vois | nous **voyons** |
|---|---|
| tu vois | vous **voyez** |
| il voit | ils voient |

**croire**

| je crois | nous **croyons** |
|---|---|
| tu crois | vous **croyez** |
| il croit | ils croient |

## ポイント4 語幹が3種類あるもの

単数人称、nousとvous、3人称複数で3つの変化をするものがあります。venirもこのグループに属する重要動詞です。

**prendre**

| je prends | nous prenons |
|---|---|
| tu prends | vous prenez |
| il prend | ils prennent |

**vouloir**

| je veux | nous voulons |
|---|---|
| tu veux | vous voulez |
| il veut | ils veulent |

## 練習問題

日本語訳を参考に、正しい動詞を選んで活用しましょう。

[rendre, vivre, revoir, paraître, perdre, savoir, mettre, recevoir, boire, apprendre, pouvoir, éteindre]

❶ Ne va pas trop loin, sinon je te (　　　) de vue.
あまり遠くへ行かないでね。見失っちゃうから。

❷ Qu'est-ce que vous (　　　), du café ou du thé ?
何を召し上がりますか、コーヒーそれとも紅茶ですか？

❸ Soyez sérieux, mes enfants. Vous (　　　) beaucoup à l'école.
子どもたち、まじめにしてね。学校ではたくさんのことを習うのですよ。

❹ Ce monsieur (　　　) sa femme heureuse.
あの人は奥さんを幸せにしています。

❺ Demande à ces garçons s'ils (　　　) nager.
あの少年たちに泳げるかどうか聞いて。

❻ (　　　)-tu m'attendre un peu ?
少し待ってくれる？

❼ Téléphone-moi. Nous nous (　　　) très bientôt.
電話くださいね。また近いうちに会いましょう。

❽ Les enfants (　　　) beaucoup de cadeaux.
子どもたちはたくさんのプレゼントをもらいます。

❾ (　　　) la lumière, s'il vous plaît.
すみません、明かりを消してください。

❿ Son dernier roman (　　　) prochainement.
彼女の新作の小説は近日発売だ。

⓫ (　　　) ce pull, sinon tu auras froid.
このセーターを着なさい、さもないと風邪をひくよ。

⓬ Nous (　　　) ensemble à la campagne.
私たちは田舎で一緒に暮らしています。

> ＼＼すっきり／／
>
> 　直説法現在の活用は、（1課の例外動詞 être, avoir, aller, dire, faire を除いて）je, tu, il の発音が変わらず、nous と vous は語幹が同じです。6つの人称すべてではなく、je, vous, ils の3つの活用から覚えれば何とかなりそうです。

*Révisons un peu*

### +α　命令法の特殊な形

　2人称単数 tu の活用が -es, -as になる動詞（第一群規則動詞、aller など）は、命令文で語末の s をとります。
Va chercher le journal. 新聞取ってきて。
Ne chante pas cette chanson. その歌を歌うな。

　命令法が特殊な形になる動詞が4つあります。
**être**　　sois, soyons, soyez
**avoir**　　aie, ayons, ayez
**savoir**　sache, sachons, sachez
**vouloir**　(veuille, veuillons,) veuillez（手紙の決まり文句で）

## もやもや5 複合過去①

### 助動詞が avoir か être か どうやって覚えるのですか？

助動詞が avoir か être かは動詞によって決まっています。avoir が圧倒的に多いので、être を助動詞とする動詞をまず覚えましょう。この区別は、大過去や条件法過去などすべての複合時制で使います。

### キホンのルール

#### 直説法複合過去

助動詞（ avoir もしくは être ）の直説法現在＋過去分詞

**marcher**

| j' | ai | marché | nous avons marché |
| tu | as | marché | vous avez marché |
| il | a | marché | ils ont marché |
| elle | a | marché | elles ont marché |

**aller**

| je | suis | allé(e) | nous sommes allé(e)s |
| tu | es | allé(e) | vous êtes allé(e)(s) |
| il | est | allé | ils sont allés |
| elle | est | allée | elles sont allées |

**用法**

①過去に起こった出来事や行われた行為

Hier, nous avons marché pendant des heures.
昨日私たちは何時間も歩いた。

②経験

J'ai déjà visité le château de Versailles.
ヴェルサイユ宮殿を訪れたことがあります。

③現在完了

Tous les garçons et les filles sont entrés dans la salle.
少年少女は全員会場に入っています。

## 助動詞について

　すべての他動詞と多くの自動詞が助動詞にavoirをとります。往来発着を表す一部の自動詞と代名動詞（→9課）の助動詞はêtreです。

**助動詞がêtreとなる主な動詞**
aller, venir, partir, arriver, entrer, sortir, monter, descendre, naître, mourir, rester, devenir, tomber, rentrer, revenir
など

## 過去分詞の作り方

　英語と同じく、不規則な形の過去分詞はすべて覚えることになります。受動態や直接名詞を修飾するときにも使われるので重要です。

・**規則的なもの**
すべての -er 動詞： **-er → -é**　　chanter → chanté, aller → allé
大部分の -ir 動詞： **-ir → -i**　　 finir → fini, partir → parti

・**主な不規則なもの**
être → **été**, avoir → **eu**, faire → **fait**, dire → **dit**,
venir → **venu**, mettre → **mis**, prendre → **pris**,
attendre → **attendu**, voir → **vu**, ouvrir → **ouvert**　　など

　特に finir/venir/ouvrir と、prendre/attendre の区別に気をつけてください。各動詞がどのグループに入るかを意識しましょう。
　また、助動詞がêtreのときは過去分詞は主語と性数一致して、eやsがつきますので気をつけてください。

## 練習問題

日本語訳を参考に、正しい動詞を選んで複合過去で活用しましょう。

[ recevoir, prendre, devenir, téléphoner, mettre,
rester, attendre, partir, revendre, mourir ]

❶ Cette actrice italienne (　　　　) il y a 10 ans.
　そのイタリア人の女優は10年前に亡くなりました。

❷ J'(　　　　) une nouvelle cravate rouge.
　私は新しい赤いネクタイを締めました。

❸ Tu (　　　　) tes médicaments après chaque repas ?
　毎食後に薬を飲みましたか？

❹ Elle (　　　　) son copain plus d'une heure.
　彼女はボーイフレンドを1時間以上待った。

❺ Nous (　　　 déjà　　　) en vacances.
　われわれはすでにヴァカンスに出発しました。

❻ Les étudiantes (　　　　) très studieuses.
　女子大生たちはとても勉強熱心になった。

❼ Vous (　　　　) au bureau ce matin ?
　今朝会社に電話しましたか？

❽ Nous (　　　　) notre grosse voiture.
　私たちは大きな車を売りました。

❾ L'opinion publique (　　　　) favorable à la politique actuelle.
　世論は現在の政治に好意的であり続けた。

❿ Mes parents (　　　　) une carte d'invitation.
　両親は招待状を受け取りました。

> **すっきり**
>
> 過去分詞と助動詞をêtreとする動詞は、暗記しなくてはならない項目です。直説法現在形の活用と同じくらい重要ですので、必ず暗記してしまいましょう。

## 形容詞の特殊な女性形

**+α**

- -e → -e　　　　large → large
- -er → -ère　　　léger → légère
- -et → -ette　　 net → nette
- -et → -ète　　　secret → secrète
- -f → -ve　　　　neuf → neuve
- -x → -se　　　　sérieux → sérieuse
- -on → -onne　　bon → bonne
- -el → -elle　　　réel → réelle

その他
- doux → douce　　public → publique　　blanc → blanche
- sec → sèche　　 long → longue　　　　frais → fraîche

## もやもや6 複合過去②

### 否定するときの語順に自信がありません…。

助動詞にavoirとêtre両方をとる動詞があります。否定文、倒置疑問文などでの語順も整理しておきましょう。

## キホンのルール

### 助動詞（avoir もしくはêtre）の直説法現在＋過去分詞

**faire**

| j' | ai | fait | nous | avons | fait |
|---|---|---|---|---|---|
| tu | as | fait | vous | avez | fait |
| il | a | fait | ils | ont | fait |
| elle | a | fait | elles | ont | fait |

**partir**

| je | suis | parti(e) | nous | sommes | parti(e)s |
|---|---|---|---|---|---|
| tu | es | parti(e) | vous | êtes | parti(e)(s) |
| il | est | parti | ils | sont | partis |
| elle | est | partie | elles | sont | parties |

・覚えよう

①助動詞がêtreとなる主な動詞

②過去分詞

③êtreのとき主語と過去分詞が性数一致する

## ポイント1　avoir/être両方の用法を持つ動詞

　passerやmonterなど、他動詞でも自動詞でも用法がある動詞は、avoir/être両方の助動詞をとります。

Nous **avons passé** une bonne soirée.
私たちはよい晩を過ごしました。

Nous **sommes passés** devant l'ancienne église.
私たちは古い教会の前を通りました。

Elle **est montée** sur la grosse branche.
彼女は太い枝の上に上った。

Nous **avons monté** une belle tente.
私たちは素敵なテントを張った。

## ポイント2　自動詞の用法でavoirをとる場合

　自動詞としての用法でもavoirをとることもあります。
Le temps a passé.　時は過ぎた。
La rivière a monté.　川の水位が上がった。
　このような場合は、助動詞がどちらになるか辞書で確かめましょう。

## ポイント3　語順

　フランス語には格助詞にあたるものがないので、語順がとても大切です。複合過去に関する語順の問題を整理しましょう。

|否定文|　助動詞をneとpasではさむ
Je n'ai pas acheté de pain.　パンを買わなかった。

|倒置疑問文|　主語と助動詞を倒置する
Avez-vous compris ?　わかりましたか？

|否定倒置疑問文|　「助動詞＋主語」をneとpasではさむ
Valérie n'a-t-elle pas pris le taxi ?
ヴァレリーはタクシーに乗らなかったの？

### 練習問題

日本語訳を参考に、正しい動詞を選んで複合過去で活用しましょう。
[ garder, faire, monter, avoir, passer, reprendre, sortir, dormir ]
＊複数回使う動詞があります。

❶ Ma fille (　　　　　) de bonnes notes.
　娘はいい成績をとらなかった。（否定文）

❷ Nous (　　　　　) nos vacances en Espagne.
　私たちは休暇をスペインで過ごしました。

❸ Ils (　　　　　) leur vieil appartement.
　彼らは古いアパートを持ち続けませんでした。（否定文）

❹ Quand (　　　　　) ton travail ?
　いつ仕事を再開したの？（倒置疑問文）

❺ (　　　　　) de tâche ménagère ?
　彼女は家事をしませんでしたか？（否定倒置疑問文）

❻ Heureusement, l'eau du fleuve (　　　　　) après le typhon.
　幸いにも川の水位は台風が過ぎた後も上がりませんでした。（否定文）

❼ (　　　　　) dans cette chambre blanche ?
　あなたたちはこの白い部屋で寝ましたか？（倒置疑問文）

❽ Elles (　　　　　) au deuxième étage.
　彼女たちは3階に上がった。

❾ (　　　　　) la poubelle ?
　ごみ箱外に出した？

❿ Marion (　　　　　) avec ce bel homme.
　マリオンはあのハンサムな人と遊びに行きませんでした。（否定文）

> **すっきり**
>
> 　否定や倒置、人称代名詞など、語順の諸問題と過去分詞とは関係ありません。語順のことが解決した後で過去分詞が出てくるのです。このことは鉄則として必ず覚えておいてください。とても便利ですよ。
> 　繰り返しますが、フランス語では語順がとても重要です。書くときは、論理的に規則を守って書く練習をしましょう。でも、フランス人と話をするときは、間違いを恐れずどんどんしゃべってくださいね。

*Révisons un peu*

## +α　男性単数第二形のある形容詞

　母音、無音のhで始まる男性単数名詞の前で第二形になります。

- beau – **bel** – belle
  un beau bâtiment – un bel hôtel – une belle maison
- nouveau – **nouvel** – nouvelle
  un nouveau logement – un nouvel appartement –
  une nouvelle résidence
- vieux – **vieil** – vieille
  un vieux jardin – un vieil arbre – une vieille fontaine

　その他
fou – **fol** – folle
mou – **mol** – molle

## もやもや 7 複合過去と半過去

### 「〜しました」「〜していました」の違いがわかりません。

複合過去が過去に起こった出来事を現在から見て完了したものととらえるのに対し、半過去は過去のある時点において進行中の出来事を描きます。

### キホンのルール

語幹（直説法現在の1人称複数 nous の活用から -ons をとったもの）
faire　nous faisons → fais-

**語尾活用（全動詞共通）**

| je  –ais | nous -ions  |
|---|---|
| tu  –ais | vous -iez   |
| il  –ait | ils  -aient |

・faire

| je faisais | nous faisions |
|---|---|
| tu faisais | vous faisiez |
| il faisait | ils  faisaient |

・être は特殊な語幹 ét- を用いる

| j' étais  | nous étions  |
|---|---|
| tu étais  | vous étiez   |
| il était  | ils  étaient |

### ポイント 1　半過去の用法

①過去において継続中の行為

À ce moment-là, j'étais à la maison.
そのとき、私は家にいました。

②過去の状況の説明

Il y avait beaucoup d'étudiants dans la salle.
教室には学生が大勢いた。

③過去の習慣
À l'époque, nous allions souvent au cinéma.
当時我々はしばしば映画館に行ったものだ。

## ポイント2 半過去と複合過去の併用

複合過去と半過去を併用する文章では、おおむね主節を半過去に、従属節（quand～）を複合過去にします。

**Quand** le téléphone a sonné, je prenais mon dîner.
電話が鳴ったとき、私は夕食をとっていた。
（電話が鳴ったという過去の時点における私の状態）

J'avais 20 ans **quand** j'ai rencontré Hugo.
私は20歳のときにユゴーに出会った。
（彼に会ったときの私の状況）

## ポイント3 半過去と複合過去の使い分け

A Quand elle était collégienne, elle **prenait** la leçon de piano deux fois par semaine.
彼女は中学生のとき、週2回ピアノを習っていた。

B Elle **a pris** la leçon de piano deux fois par semaine pendant trois ans.
彼女は3年間、週2回ピアノを習った。

A が中学生だった時点の彼女の習慣を表しているのに対し、B は3年間をひとまとめに、ピアノを習っていたという事象を完了したものとして扱っています。

時の補語が前置詞pendant（～の間）のときは、たいてい複合過去を用います。

Vous avez appris le français **pendant** cinq ans.
君たちはフランス語を5年間勉強した。

## 練習問題

日本語訳を参考に、正しい動詞を選んで複合過去か半過去で活用しましょう。

[avoir, être, aller, faire, changer, regarder, appeler, entrer, neiger, habiter, dîner, fréquenter, rentrer, jouer, arriver, se marier, lire, dormir]

＊複数回使う動詞があります。

❶ Quand mon père (　　　) à la maison, il n'y (　　　) personne.
父が帰宅したとき誰もいませんでした。

❷ J'(　　　) 27 ans quand je (　　　).
私は27歳のときに結婚した。

❸ Quand le train (　　　) à la gare, il (　　　) énormément.
列車が駅に着いたとき、雪がとても降っていた。

❹ Quand Jennifer (　　　) dans sa chambre, sa fille (　　　).
ジェニファーが部屋に入ったとき、彼女の娘は寝ていた。

❺ Nous (　　　) la télévision quand il y (　　　) un tremblement de terre.
われわれがテレビを見ていると地震が起こった。

❻ Qu'est-ce que vous (　　　) quand je vous (　　　) ?
私が電話したとき何をしていましたか？

❼ Tandis que ses camarades de classe (　　　) dans la cour, Christophe (　　　) dans la salle de classe.
クラスメイトは校庭で遊んでいるのに、クリストフは教室で読書をしていた。

❽ Béatrice et Daniel (　　　) ensemble dans un restaurant, puis ils (　　　) au théâtre.
ベアトリスとダニエルはレストランで一緒に夕食をとり、それから劇場へ行った。

❾ Lorsque nous (　　　) à Paris, nous (　　　) ce bar.
私たちがパリに住んでいたとき、このバーによく通ったものだ。

❿ Est-ce que la ville (　　　) pendant que vous (　　　) absents.
あなたたちがいない間に町は変わりましたか？

> **すっきり**
>
> 「半過去は線過去、複合過去は点過去」と説明されることがありますが、これは継続と完了を表しているのであって、その行為にかかった時間の長さとは関係がないので注意しましょう。「5年間」が長いのか短いのかは、あくまでも主観的な問題ですよね。動詞の時制では、そういったニュアンスは表せないのです。

*Révisons un peu.*

### +α　名詞、形容詞の特殊な複数形

| | | | | |
|---|---|---|---|---|
| -s | → -s | mauvais | → | mauvais |
| -x | → -x | heureux | → | heureux |
| -z | → -z | un nez | → | des nez |
| -eau | → -eaux | un gâteau | → | des gâteaux |
| | | beau | → | beaux |
| -eu | → -eux | un cheveu | → | des cheveux |
| -al | → -aux | un cheval | → | des chevaux |
| | | social | → | sociaux |
| | | (例外 un bal | → | des bals) |
| -ou | → -oux | un bijou | → | des bijoux |
| | → -ous | un trou | → | des trous |

## もやもや8 その他の時制

全部で8つ!?
多すぎて覚えきれません！

直説法の時制は全部で8つで、単純時制と複合時制があります。複合時制は助動詞＋過去分詞で成り立っています。

### キホンのルール

**直説法の時制は全部で8つ**

| 単純時制 | ~~単純過去~~ | 半過去 | 現在 | 単純未来 |
|---|---|---|---|---|
| 複合時制 | ~~前過去~~ | 大過去 | 複合過去 | 前未来 |

上の段が単純時制、下は複合時制です。現在形と複合過去形の関係のように、助動詞の活用がそれぞれ上段の時制になります。

単純過去と前過去は、現代の口語ではほとんど使われません。

### ポイント1 大過去

活用 **助動詞の半過去＋過去分詞**

**faire**

| j' | avais fait | nous | avions fait |
|---|---|---|---|
| tu | avais fait | vous | aviez fait |
| il | avait fait | ils | avaient fait |

**partir**

| j' | étais parti(e) | nous | étions parti(e)s |
|---|---|---|---|
| tu | étais parti(e) | vous | étiez parti(e)(s) |
| il | était parti | ils | étaient partis |
| elle | était partie | elles | étaient parties |

助動詞の区別は複合過去の場合と同じです。être では主語と過去分詞が性数一致します。

用法 **過去のある時点においてすでに完了している事象を表す**

Quand nous sommes arrivés à la gare, le train était déjà parti.
我々が駅に着いたときには列車はすでに出発していた。

## ポイント2 単純未来

**活用** 語尾は全動詞共通

avoirの現在形に似ていますね。

| je | -ai | nous | -ons |
|---|---|---|---|
| tu | -as | vous | -ez |
| il | -a | ils | -ont |

visiter

| je | visiterai | nous | visiterons |
|---|---|---|---|
| tu | visiteras | vous | visiterez |
| il | visitera | ils | visiteront |

**語幹**

-er動詞、-ir動詞：不定法　donner→je **donner**ai, finir→je **finir**ai
-re動詞：不定法からeをとったもの　prendre→je **prendr**ai
・特殊な語幹をとる動詞
avoir→j'**aurai**, être→je **serai**, aller→j'**irai**, venir→je **viendrai**, faire→je **ferai**, voir→je **verrai**, savoir→je **saurai**, pouvoir→je **pourrai**, vouloir→je **voudrai**, devoir→je **devrai**, envoyer→j'**enverrai**

**用法** 未来に起こること、またはする予定のことを表す

Il ne fera pas beau demain.
明日はいい天気ではないだろう。
Ce soir, nous mangerons en ville.
今晩は外食だ。

　2人称では軽い命令を意味することもあります。
Tu finiras vite tes devoirs.
宿題早く終えてね。

## ポイント3 前未来

**活用** 助動詞の単純未来＋過去分詞

**用法** 未来のある時点において完了しているであろう事象を表す
Quand vous arriverez à la fac, le cours aura déjà commencé.
あなたたちが大学に着くときには授業はすでに始まっているだろう。

## 練習問題

日本語訳を参考に、正しい動詞を選んで適した時制で活用しましょう。

[visiter, recommander, passer, regarder, rentrer, travailler,
préparer, finir, partir, faire, lire, dire, avoir, voir]

＊複数回使う動詞があります。

❶ Quand nous (　　　) à la maison, Maman (　　　　) notre dîner.
僕たちが帰宅するころには、ママは晩御飯を作っちゃっているよ。

❷ Elle (　　) de bonnes notes car elle (　　　) beaucoup (　　　).
彼女はいい点数をとった。たくさん勉強したからね。

❸ Qu'est-ce qu'on (　　　) demain ?
明日何をしようか？

❹ Il (　　　) chaud et humide; il y (　　　) peut-être une averse cet après-midi.
蒸し暑いね。午後はきっと夕立があるでしょう。

❺ Arnaud me (　　) ce film mais je l'(　　) déjà (　　) deux fois.
アルノーはあの映画を薦めていたけど、もう2回も見たんだよね。

❻ Je (　　　　) mes devoirs d'ici une heure.
今から1時間じゃ宿題は終わってないよ。（否定文）

❼ Anne-Sophie (　　) déjà (　　) quand nous (　　　) chez elle.
私たちが彼女に家に寄ったときには、アンヌ・ソフィーはもう出発していました。

❽ Avant, mon mari (　　　) la vaisselle quand on (　　　) de manger. Maintenant, il (　　) la télé.
以前、食べ終わると夫は食器を洗ってくれたものです。今ではテレビを見ています。

❾ À Paris, vous (　　　) beaucoup de monuments historiques.
パリでは歴史的建造物をたくさん見てくださいね。

❿ Quand tu (　　) ce roman, tu me (　　) ton avis.
その小説読んだら君の意見を言ってね。

> **すっきり**
>
> 単純未来で特殊な語幹をとる動詞は、条件法でももう一度使いますのでぜひ覚えておきましょう。それ以外は、現在形と複合過去をしっかり習得すればなんとかなりそうですね。

*Révisons un peu*

## +α　近接未来、近接過去

**・近接未来：aller ＋不定法**
Je vais voir un ami ce soir.
今晩は友人に会います。

　同じ構文で「〜しに行く」の意味にもなります。
Vas-tu chercher Hélène à la gare ?
駅にエレーヌを迎えに行くの？

**・近接過去：venir de ＋不定法**
On vient d'acheter des légumes au marché.
市で野菜を買ったばかりです。

venir ＋不定法は「〜しに来る」を表します。
Venez prendre l'apéritif chez moi.
わが家にアペリティフに来てください。

## もやもや 9 代名動詞

### 過去分詞の性数一致はするのですか？しないのですか？

再帰的、相互的、受動的、本質的の4つに分類されます。se があるかないかで意味が異なる別の動詞になると考えるとわかりやすいでしょう。辞書を引くときは、再帰代名詞のない形を見ます（se lever は lever の項目の中にあります）。

### キホンのルール

人称に応じて変化する再帰代名詞を伴う動詞を代名動詞といいます。

**se lever**

| je me lève | nous nous levons |
|---|---|
| tu te lèves | vous vous levez |
| il se lève | ils se lèvent |

再帰代名詞は動詞の直前に置きます。

否定形　　　Je ne **me** lève pas à 10 heures.
　　　　　　10時には起きません。

倒置疑問文　**Se** moque-t-elle de moi ?
　　　　　　彼女は私をばかにしているのか？

肯定命令文　Brosse-**toi** bien les dents.
　　　　　　歯をよく磨きなさいね。
　　　　　　＊再帰代名詞と動詞が倒置され、te は toi になる（→21課）

## ポイント1 複合過去の性数一致

過去分詞はたいていの場合、主語（厳密には再帰代名詞）と性数一致します。

**se coucher**

| | | | | | | | |
|---|---|---|---|---|---|---|---|
| je | me | suis | couché(e) | nous | nous | sommes | couché(e)s |
| tu | t' | es | couché(e) | vous | vous | êtes | couché(e)(s) |
| il | s' | est | couché | ils | se | sont | couchés |
| elle | s' | est | couchée | elles | se | sont | couchées |

## ポイント2 性数一致しない場合

再帰代名詞が間接目的語の働きをしている場合、一致しません。

A Elle s'est lavée. 　　　彼女は自分自身を洗った。
B Elle s'est lavé les mains. 　彼女は自分の手を洗った。

B の例文のように動詞の後に直接目的語（les mains）があるときは、se(s') は間接目的語なので性数一致しません。動詞の後に前置詞のついてない名詞があるかどうかが、判断の基準になります。

Elle s'est acheté une belle robe.
彼女はきれいなドレスを（自分に）買った。
（前置詞がないので直接目的語→性数一致しない）

Elle s'est chargée de cette affaire.
彼女はあの件を担当した。
（前置詞 de があるので直接目的語ではない→性数一致する）

## ポイント3 例外

「お互いに〜する」という相互的用法で使われる3つの動詞 se parler, s'écrire, se téléphoner は、もともと直接目的語をとりません。直接目的語がなくても性数一致しない例外的な動詞です。

Ils se sont souvent téléphoné.
彼らはしばしば電話をかけあった。

## 練習問題

日本語訳を参考に、正しい代名動詞を選んで活用して入れましょう。

[se dépêcher, s'intéresser, s'appeler, se vendre, se reposer,
s'habiller, s'inquiéter, se promener, s'écrire, se rappeler]

❶ Ce garçon (　　　　　) Thomas.
あの少年はトマという名前です。

❷ (　　　　　), tu vas être en retard.
急ぎなさい。遅刻するわよ。

❸ Mélanie (　　　　　) cette histoire.
メラニーはその話を思い出さなかった。（否定文）

❹ Les jeunes filles (　　　　　) au bord du lac.
少女たちは湖畔を散歩した。

❺ Je (　　　　　) à la politique.
私は政治に興味がありません。（否定文）

❻ Ces lunettes (　　　　　) très bien.
この眼鏡はよく売れています。

❼ Elle (　　　　　) bien (　　　　　).
彼女はドレスアップしました。

❽ De quoi (　　　　　)-vous ?
あなたたちは何を心配していますか？（倒置疑問文）

❾ Voulez-vous (　　　　　)?
休憩なさいますか？

❿ Ils (　　　　　) régulièrement.
彼らは定期的に文通しました。

## すっきり

代名動詞が直接目的語をとるか、それとも前置詞を必要とするかを、ボキャブラリーのレベルで把握しましょう。例えば、s'occuper（世話をする）ではなく、s'occuper de 人（〜の世話をする）と理解することが大切です。ステップアップに語彙を増やすことは重要ですが、構文を意識して覚えなければなりません。特に代名動詞は前置詞とセットで覚えましょう。

*Révisons un peu*

### +α 冠詞の縮約

前置詞 de, à の後に定冠詞 le, les が来ると形が変わります。

| | | | | |
|---|---|---|---|---|
| de le | → **du** | | à le | → **au** |
| de la | → de la | | à la | → à la |
| de les | → **des** | | à les | → **aux** |
| de l' | → de l' | | à l' | → à l' |

Venez chez moi vers 7 heures du soir.
晩の7時ごろ家に来てください。
Voici la chambre des enfants.
ここが子どもたちの部屋です。
Ils arriveront bientôt au bureau.
彼らは間もなく会社に着くでしょう。
Je vais aux toilettes.
化粧室に行ってきます。

## もやもや 10 受動態

### 時制はどうやって表すのですか？

受動態は、英語と同じように「être＋過去分詞」で表します。

### キホンのルール

**主語＋être＋過去分詞＋par(de)＋動作主**

inviter（受動態、直説法現在）

| je   | suis | invité(e)  | nous  | sommes | invité(e)s   |
|------|------|------------|-------|--------|--------------|
| tu   | es   | invité(e)  | vous  | êtes   | invité(e)(s) |
| il   | est  | invité     | ils   | sont   | invités      |
| elle | est  | invitée    | elles | sont   | invitées     |

＊過去分詞は主語と性数一致します。

### ポイント1　parとde

動作主を導く前置詞はparです。状態を表すいくつかの表現においてdeになります。

Cette fête est organisée par notre association.
この祭りはわれわれの協会によって催されています。

Le sommet de la montagne est couvert de neige.
山頂は雪で覆われています。

### ポイント2　時制

時制はêtreの活用で表します。
J'ai été interrogé par la police.
私は警察の尋問を受けた。（複合過去）

Le verre était rempli de vin rouge.
グラスは赤ワインで満たされていた。(半過去)
Le dîner sera préparé par notre père.
夕食は父によって作られるでしょう。(単純未来)
Un gratte-ciel va être construit dans mon quartier.
超高層ビルが私の町に建てられます。(近接未来)

## ポイント3 語順

過去分詞を関わらせないことがポイントです。

- 否定文　　　Ce meuble n'est pas fait à la main.
  この家具は手作りではない。
- 倒置疑問文　Nadège était-elle respectée de ses amis ?
  ナデージュは友人に尊敬されていましたか？

## ポイント4 主語になるのは直接目的語だけ

　受動態の主語になるのは、能動態における直接目的語です。間接目的語を主語にすることはできません。

Sandrine offre un joli cadeau à Jérôme.
サンドリヌはジェロームに素敵なプレゼントを贈ります。
→ Un joli cadeau est offert à Jérôme par Sandrine.
素敵なプレゼントがサンドリヌによってジェロームに贈られます。

＊Jérômeを主語にした文章は成り立ちません。

## ポイント5 受動態と類似した構文

・代名動詞

Ce mot s'écrit comment ?
その言葉はどう書くの？

・On

On m'a donné un bon conseil.
いい助言をしてもらいました。

＊受動態を使って、Un bon conseil m'a été donné. と言うこともできます。
　このとき、動作主は示されません。

## 練習問題

下線部を主語にして、受動態の文章に書き換えましょう。

❶ Tous les étudiants respectent ce professeur.
(                                                           )
すべての学生があの教授を尊敬しています。

❷ Simon invite ces femmes à dîner.
(                                                           )
シモンはあの女性たちを夕食に招きます。

❸ Une jeune actrice joue le rôle principal.
(                                                           )
ある若い女優が主役を演じます。

❹ On ne fabrique pas ces voitures ici.
(                                                           )
ここではこれらの車を製造していません。

❺ Un grand mur entoure la maison.
(                                                           )
大きな壁が家を囲んでいます。

❻ On va construire un supermarché à cet endroit.
(                                                           )
この場所にスーパーマーケットが建てられます。

❼ Avez-vous écrit cette lettre ?
(                                                           )
あなたがこの手紙を書いたのですか？

❽ Un beau garçon attendait Emmanuelle devant le cinéma.
(                                                           )
あるハンサムな少年がエマニュエルを映画館の前で待っていました。

❾ Il n'a pas chanté cette chanson.
(                                                           )
彼はこの歌を歌いませんでした。

❿ Barbara préparera un bon couscous.
(                                                           )
バルバラはおいしいクスクスを作るでしょう。

> ### \\ すっきり //
> 受動態の文章では、本動詞はêtreですから、時制や語順の諸規則はêtreにのみ適用されます。過去分詞の動詞は、文中の主要な意味を担っていますが、文法上の規則に関与させないことが重要です。

*Révisons un peu*

### +α

### On

主語としてのみ用いられる不定代名詞。動詞の活用は3人称単数。

①人一般　　On mange très bien dans ce restaurant.
　　　　　　このレストランはおいしい。
　　　　　　On ira tous au paradis.
　　　　　　みんな天国へ行くよ。(ミシェル・ポルナレフ)
②誰か　　　On te demande au téléphone.
　　　　　　電話だよ。
③われわれ　On est allés en France.
　　　　　　フランスへ行きました。
　　　　　　＊Onが意味上は複数なので、過去分詞は主語と性数一致してsがつきます。

## もやもや 11 ジェロンディフ

### 「〜しながら」以外にどんな用法がありますか？

「前置詞en＋現在分詞」をジェロンディフと呼びます。様々な意味の副詞的働きをして、主節を修飾します。

### キホンのルール

**現在分詞の作り方**

　直説法現在の1人称複数nousの活用から語尾の-onsをとって-antをつける。

finir　　nous finissons → finissant
prendre　nous prenons → prenant

| 例外 | être　→　étant |
| | avoir　→　ayant |
| | savoir　→　sachant |

### ポイント1　メインの意味は「〜しながら」

基本的に、主節の動詞との同時性「〜しながら」を意味します。

Les enfants marchent en chantant.
子供たちは歌いながら歩いています。

## ポイント2 　手段・条件・理由・譲歩の用法

　同時性に加えて、手段、条件、理由、譲歩等の用法があります。副詞節を作らずに表現できるので便利です。

Nous voyagerons dans la France en prenant une voiture de location.
私たちはレンタカーを借りてフランス国内を旅行します。（手段）

En travaillant sérieusement, Philippe réussira aux examens.
まじめに勉強すればフィリップは試験に受かるでしょう。（条件）

Tout en sachant la vérité, Laure a gardé le silence.
真実を知りながらもロールは沈黙を守った。（譲歩）

＊譲歩や同時性の用法では、ジェロンディフ構文を強調するために副詞toutがしばしば使われます。

## ポイント3 　意味上の主語は主節の主語

　ジェロンディフの動詞の意味上の主語は、基本的に主節の主語と同じでなければなりません。

J'ai rencontré Patrick en rentrant de la fac.
(J'ai rencontré Patrick quand je rentrais de la fac.)
大学から帰る途中でパトリックに会いました。

＊副詞節が異なる主語のときは絶対分詞構文を用います。（→12課）

### 練習問題

下線部をジェロンディフに書き換えましょう。

❶ Maman préparait le repas <u>et en même temps elle écoutait la radio</u>.
(                                                                                      )
　ママはラジオを聞きながら料理をしたものだ。

❷ Marie-Claire s'est cassé la jambe <u>quand elle faisait du ski.</u>
(                                                                                      )
　マリー・クレールはスキーをしていて足を骨折した。

❸ Elle a retrouvé sa bague <u>quand elle cherchait sous le lit</u>.
(                                                                                      )
　彼女はベッドの下を探していて指輪を見つけた。

❹ J'ai rencontré un vieil ami <u>quand je revenais du bureau.</u>
(                                                                                      )
　私は会社から帰宅しているときに旧友に会った。

❺ Tu arriveras à l'heure <u>si tu prends le taxi.</u>
(                                                                                      )
　タクシーに乗れば間に合いますよ。

❻ <u>Allez tout droit et</u> vous trouverez la bouche de métro.
(                                                                                      )
　まっすぐ行くと地下鉄の入口がありますよ。

❼ <u>Pendant que nous nous promenions</u>, nous avons assisté à un accident de voitures.
(                                                                                      )
　散歩をしている最中にわれわれは交通事故を見た。

❽ <u>Si vous travaillez tous les deux</u>, vous pourrez gagner votre vie.
(                                                                                      )
　共働きしたら暮らしていけるよ。

❾ <u>Il est très riche mais</u> il n'est pas heureux.
(                                                                                      )
　彼はとても金持ちだけど幸福ではない。

❿ <u>Elle paraît très jeune mais</u> elle a déjà 55 ans.
(                                                                                      )
　とても若く見えるけど彼女はもう55歳です。

> ### すっきり
>
> ジェロンディフは、副詞節の代わりに、特に口語で多用される便利な用法です。発音するときには、enと現在分詞の間でリエゾンが起こることに注意してください。発音上の決まりごとは、話すときにちゃんと守らないと、聞き取りも上達しません。特にnのリエゾンはなおざりになりがちです。
>
> En‿allant au cinéma, nous‿avons assisté à un‿accident de route.

*Révisons un peu*

### +α　　リエゾン、アンシェヌマン

・必ずしなくてはいけない場合

| | |
|---|---|
| 冠詞＋名詞 | les‿enfants, un‿homme |
| 形容詞＋名詞 | un grand‿arbre, mon‿appartement |
| 主語代名詞＋動詞 | ils‿habitent, vous‿allez |
| 前置詞の後 | en‿écoutant |
| など | |

・してはいけない場合

| | |
|---|---|
| 主語名詞＋動詞 | les‿étudiants ×ont, Pauline ×est |
| 単数名詞＋形容詞 | un fils ×intelligent |
| etの後 | Un‿homme et ×une femme |

## もやもや 12　分詞構文

### ジェロンディフとの違いがわかりません…。

ジェロンディフと同じようにいろいろな意味の副詞節を構成します。ジェロンディフが口語的なのに対して、現在分詞構文はやや書き言葉的になります。

### キホンのルール

ジェロンディフと同じ意味の文を作ることができます。
Prenant le taxi, j'arriverai à l'heure.
タクシーに乗れば時間通りに着くでしょう。
= En prenant le taxi, j'arriverai à l'heure.

ジェロンディフでは表現できない用法があります。

### ポイント 1　名詞を修飾

関係代名詞 qui が導く関係節のように（→22課）、形容詞節として名詞を修飾します。
J'ai rencontré Cédric sortant du cinéma.
セドリックが映画館から出てくるところに出会った。

＊ J'ai rencontré Cédric en sortant du cinéma.
　私が映画館から出てくるときにセドリックに会いました。

## ポイント 2 複合形

### Ayant/ Étant ＋過去分詞
完了を表します。（理由を述べることが多い）

Ayant marché sous la pluie, nous avons pris froid.
雨の中を歩いて、私たちは風邪をひいた。

Étant arrivée à l'avance, Catherine a pris un café en attendant son ami.
早く着いたので、カトリーヌは恋人を待つ間コーヒーを飲んだ。

## ポイント 3 絶対分詞構文

主節と異なる主語を持つ絶対分詞構文を作ります。

Son fils étant malade, Madame Lebrun est absente aujourd'hui.
息子さんが病気のため、ルブランさんは今日お休みです。

## ポイント 4 過去分詞構文

Etantはしばしば省略され、いわゆる過去分詞構文を作ります。

Habillée élégamment, Sarah va participer à la soirée.
素敵な服装をして、サラはパーティーに出ます。

## 練 習 問 題

下線部を分詞構文に書き換えましょう。

❶ Ce sont les touristes <u>qui viennent d'Italie</u>.
(　　　　　　　　　　　　　　　　　　　　　　　　　　　)
あれはイタリアから来た観光客です。

❷ <u>Comme je n'aime pas le fromage ni le vin</u>, je ne veux pas voyager en France.
(　　　　　　　　　　　　　　　　　　　　　　　　　　　)
チーズもワインも好きじゃないからフランス旅行を望みません。

❸ <u>Comme la neige tombe sans cesse</u>, tous les vols seront annulés.
(　　　　　　　　　　　　　　　　　　　　　　　　　　　)
雪が絶え間なく降っているので、すべての便が欠航するでしょう。

❹ Voici notre interprète d'espagnol <u>qui vit au Mexique</u>.
(　　　　　　　　　　　　　　　　　　　　　　　　　　　)
こちらがメキシコで暮らす私たちのスペイン語の通訳です。

❺ <u>Tu n'avais pas bien compris la question, alors</u> tu n'as pas pu répondre correctement.
(　　　　　　　　　　　　　　　　　　　　　　　　　　　)
質問をよく理解していなかったから、君は正しく答えられなかった。

❻ <u>Comme il a fait ses études aux États-Unis</u>, Claude parle couramment anglais.
(　　　　　　　　　　　　　　　　　　　　　　　　　　　)
アメリカで勉強したので、クロードは英語を流暢に話します。

❼ <u>Mes parents sont sortis, alors</u> c'est moi qui ferai la cuisine ce soir.
(　　　　　　　　　　　　　　　　　　　　　　　　　　　)
両親が出かけたから、今夜料理をするのは私です。

❽ <u>Comme elle s'était levée de bonne heure</u>, elle n'est pas arrivée en retard.
(　　　　　　　　　　　　　　　　　　　　　　　　　　　)
早起きしたので、彼女は遅れずに到着しました。

❾ <u>Elle est mère de trois enfants, alors</u> elle n'a pas le temps de lire.
(　　　　　　　　　　　　　　　　　　　　　　　　　　　)
3人の子どもの母親なので、彼女は読書する時間がありません。

❿ <u>Comme il n'a pas reçu de réponse</u>, Etienne va écrire de nouveau.
(　　　　　　　　　　　　　　　　　　　　　　　　　　　)
返事を受け取らなかったので、エチエンヌは再び手紙を書きます。

### すっきり

ジェロンディフとの違い
❶関係代名詞quiのように名詞を修飾する
❷Ayant/Étant＋過去分詞で、完了を表す
❸絶対分詞構文（主節と主語が異なる文）
❹過去分詞構文（étantの省略された文）

*Révisons un peu*

### +α　　国名と前置詞

・**男性名詞の国　au, du**
　語末の文字が-e以外の国（例外 le Cambodge, le Mexique など）
Nous habitons au Japon.
私たちは日本に住んでいます。

・**女性名詞の国　en, de(d')**
　語末が-eで終わる国
Je suis allée en Espagne.
私はスペインへ行きました。

・**複数名詞の国　aux, des**
　États-Unis, Pays-Bas, Philippines など
Ces produits proviennent des États-Unis.
これらの製品はアメリカ製です。

## もやもや 13 条件法の活用、用法①

### 未来形との区別が難しいです。

条件法はひと言で言うと、英語の仮定法のように「非現実」や「可能性」を表します。

### キホンのルール

**条件法現在：単純未来の語幹＋半過去の語尾**

réussir

| je réussirais | nous réussirions |
| tu réussirais | vous réussiriez |
| il réussirait | ils réussiraient |

### ポイント 1 特殊な語幹をとる動詞

avoir → j'**aurais**　　être → je **serais**　　aller → j'**irais**
venir → je **viendrais**　　faire → je **ferais**　　voir → je **verrais**
savoir → je **saurais**　　vouloir → je **voudrais**
pouvoir → je **pourrais**　　envoyer → j'**enverrais**
など（→8課参照）

### ポイント 2 条件法過去：avoir/être の条件法現在＋過去分詞

terminer

| j' aurais terminé | nous aurions terminé |
| tu aurais terminé | vous auriez terminé |
| il aurait terminé | ils auraient terminé |

**sortir**

| je | serais | sorti(e) | nous | serions | sorti(e)s |
| tu | serais | sorti(e) | vous | seriez | sorti(e)(s) |
| il | serait | sorti | ils | seraient | sortis |
| elle | serait | sortie | elles | seraient | sorties |

## ポイント3 非現実の仮想

現在の事実に反する仮定に基づいた仮想の出来事を表します。

**Si + 直説法半過去 , 条件法現在**

S'il travaillait plus, il aurait de meilleures notes.
彼はもっと勉強すればいい点数がとれるのに。

Si j'étais plus riche, j'achèterais cette maison.
もっと金持ちだったらこの家を買うのだが。

「Si + 半過去」の構文以外でも条件を表すことができます。

Avec de la patience, tu trouverais un emploi.
辛抱すれば職が見つかるのに。

En lisant ce livre, vous comprendriez mieux l'histoire de France.
この本を読めばフランス史がもっとよくわかるのになあ。

＊実現可能な仮定は、直説法で表します。
　**Si + 直説法現在 , 直説法単純未来**
　S'il fait beau demain, nous irons à la campagne.
　明日晴れたら、私たちは田舎に行きます。

## 条件法過去の用法

過去の事実に反する仮定に基づいた仮想の出来事を表します。

**Si + 直説法大過去 , 条件法過去**

Si tu avais pris cette ligne de métro, tu serais arrivée à l'heure.
もしこの地下鉄の線に乗っていたら時間通り着いたのに。

## 練習問題

正しい動詞を選んで、条件法現在（1～5）、過去（6～10）で活用しましょう。

[se coucher, prendre, finir, faire, aller, être, dire, avoir, pouvoir, inviter]

❶ Ils (　　　　　　) l'autoroute, s'ils avaient le temps.
　時間があったら、彼らは高速道路には乗りません。（否定文）

❷ Qu'est-ce que vous (　　　　　　) à ma place ?
　あなただったら、僕の立場でどう言いますか。

❸ Patrice (　　　　　　) heureux si sa copine était toujours à côté de lui.
　恋人がいつもそばにいれば、パトリスは幸せなのに。

❹ Avec un peu plus d'argent, je t'(　　　　　　) à dîner.
　もう少し余計にお金があれば、君に晩ご飯をおごるんだけど。

❺ Tu (　　　　　　) du sport, si tu n'étais pas si occupé.
　こんなに忙しくなければ、君はスポーツをするでしょう。

❻ Avec plus d'attention, Nicolas (　　　　　　) cet accident.
　もっと注意していたら、ニコラはあの事故にあわなかったでしょう。（否定文）

❼ Si nous avions eu plus d'argent, nous (　　　　　　) en Europe.
　もっとお金があったら、われわれはヨーロッパに行っていただろう。

❽ Sans votre aide, je (　　　　　　) mes devoirs.
　君たちが手伝ってくれなかったら、宿題は終わらなかったよ。（否定文）

❾ Si son ami ne l'avait pas appelée, elle (　　　　　　) plus tôt.
　彼氏が電話してこなかったら、彼女はもっと早く寝たでしょう。

❿ Si vous étiez arrivés à l'heure, vous (　　　　　　) rencontrer cette dame.
　あなたたちが時間通りに着いていたら、あのご婦人に会えたのに。

## すっきり

仮定文の用法では、まず3つの公式を忠実に守って動詞を正確に活用するように心がけましょう。

**Si +直説法現在，直説法単純未来**
**Si +直説法半過去，条件法現在**
**Si +直説法大過去，条件法過去**

特に、単純未来と条件法現在は活用が似ていますから、数多くの文章を書いて、口に出して練習してください。

*Révisons un peu*

### +α 時刻表現

| | |
|---|---|
| Quelle heure est-il ? | |
| Vous avez l'heure, s'il vous plaît ? | 今何時ですか？ |
| Il est une heure de l'après-midi. | 午後1時です。 |
| deux heures dix. | 2時10分です。 |
| trois heures et quart. | 3時15分です。 |
| quatre heures et demie. | 4時半です。 |
| cinq heures moins le quart. | 5時15分前です。 |
| six heures moins cinq. | 6時5分前です。 |
| sept heures du matin. | 午前7時です。 |
| huit heures du soir. | 夜の8時です。 |
| neuf heures juste. | ちょうど9時です。 |
| midi. | 正午です。 |
| minuit. | 午前0時です。 |

## もやもや 14 条件法の用法②

### 仮定文以外にはどんな使い方がありますか？

条件法は、「仮定」を表すほかに、語気緩和・推測・過去における未来を表現することができます。

### キホンのルール

- 現在の事実に反する仮定＝条件法現在
    **Si ＋直説法半過去, 条件法現在**
- 現実可能な仮定＝直説法
    **Si ＋直説法現在, 直説法単純未来**
- 過去の事実に反する仮定＝条件法過去
    **Si ＋直説法大過去, 条件法過去**

## ポイント1　語気緩和

発言にていねいさを加えるときに用い、vouloir, pouvoir がよく使われます。

Je voudrais essayer cette jupe.
このスカートを試着したいのですが。

Pourriez-vous me donner un coup de main ?
手伝っていただけますか？

Vous auriez dû me prévenir.
あなたは私に前もって言うべきだった。

## ポイント2　推測

事実であるかどうか確認がとれていない事柄について述べるときに用います。

D'après une revue, cette actrice se marierait avec un homme d'affaires.
ある雑誌によると、あの女優はある実業家と結婚するらしい。

Jean n'est pas encore arrivé. Le train aurait pris du retard.
ジャンはまだ来ないなあ。列車が遅れたらしい。

## ポイント3　過去における未来

間接話法において、主節が過去のとき、従属節の動詞が単純未来は条件法現在に、前未来は条件法過去に変わります。（→29課）

Il m'a dit qu'il viendrait me voir le lendemain.
彼は翌日会いに来ると言った。

Lucien m'a dit qu'il serait rentré avant moi.
リュシアンは僕より先に帰宅しているだろうと言った。

## 練習問題

正しい動詞を選んで、かっこ内に正しい形にして入れましょう。
[recevoir, vouloir, manger, aimer, aller, lire, pouvoir, devoir, avoir, partir, se produire]

❶ (　　　　　)-tu donner un coup de fil à Vincent ?
ヴァンサンに電話してくれる？

❷ J'(　　　　　) aller au cinéma ce soir.
今晩は映画に行きたいなあ。

❸ Vous (　　　　　) travailler davantage.
もっと勉強するべきでしたね。

❹ Il y (　　　　　) un accident grave sur la route nationale.
国道でひどい事故があったらしい。

❺ Nous (　　　　　) mieux dans ce restaurant.
あのレストランの方がおいしいのに。

❻ J'(　　　　　) danser avec Amandine.
アマンディヌと踊りたかったなあ。

❼ Un grand incendie (　　　　　) au supermarché vers minuit.
スーパーで午前0時ころ大火事が起こったらしい。

❽ Les jeunes filles m'ont dit qu'elles (　　　　　) de bonne heure.
女の子たちは朝早く出発すると私に言った。

❾ Tu m'as dit que tu (　　　　　) faire une promenade avec moi quand tu (　　　　　) ton journal.
新聞を読んだら一緒に散歩に行くって言ったでしょ。

❿ Je suis sûr que Julien viendra. Sinon, nous (　　　　　) un coup de fil.
ジュリアンはきっと来るよ。そうでなければ電話をもらっているはずだよ。

## すっきり

　直説法が事象を事実としてとらえて述べるのに対して、条件法は仮定の世界で起こりうる事象を述べるときに使います。文章を読み解くときには、条件法が事実に反することを意味している可能性があるので注意しましょう。

Si j'étais riche, j'achèterais une grande maison.
お金持ちだったら、豪邸を買うのに。

　上の文は、「金持ちではないから豪邸は買えない」ことを意味していますね。

## +α　　　天候表現

Quel temps fait-il ?　　どんな天気ですか？

Il fait beau ( mauvais, chaud, froid, humide).
いい天気です（悪い天気です、暑いです、寒いです、湿気があります）。

| | |
|---|---|
| Il pleut. | 雨が降っています。 |
| Il neige. | 雪が降っています。 |
| Il y a du vent. | 風があります。 |
| Il y a des nuages. | 曇りです。 |
| Il fait jour. | 夜が明けます。 |
| Il fait nuit. | 日が暮れます。 |

## もやもや 15　接続法の活用

### 直説法と似ていて混同してしまいます。

語幹の作り方に注意が必要ですが、語尾はavoir, être以外共通です。

### キホンのルール

・接続法現在の活用

**語尾**　avoir, être以外は共通

| -e | -ions |
|---|---|
| -es | -iez |
| -e | -ent |

donner

| je donne | nous donnions |
|---|---|
| tu donnes | vous donniez |
| il donne | ils donnent |

**語幹**　2つのグループに分けて考えます。

①単数人称と3人称複数

　直説法現在の3人称複数（ils）の活用から-entをとったものを語幹にします。

②1、2人称複数

　直説法現在1人称複数（nous）の活用から-onsをとったものを語幹とします。つまり、直説法半過去と全く同じ活用になります。

　直説法現在でnousとilsの語幹が同じものは、語幹は1つです。

lire　　　nous lisons　　→　nous lisions
　　　　　ils　lisent　　→　je　lise

　この2つの語幹が異なる場合は、語幹が2種類になります。

prendre　nous prenons　→　nous prenions
　　　　　ils　prennent　→　je　prenne

**特殊な活用をする動詞**

3つのグループに分けて考えましょう。

### ポイント1 avoir, être

全面的に不規則ですから丸暗記してください。

avoir

| j'  | aie  | nous | ayons |
|-----|------|------|-------|
| tu  | aies | vous | ayez  |
| il  | ait  | ils  | aient |

être

| je  | sois | nous | soyons |
|-----|------|------|--------|
| tu  | sois | vous | soyez  |
| il  | soit | ils  | soient |

命令法の活用と似ていますね。

### ポイント2 faire, pouvoir, savoir

語幹は6つの人称で共通です。

faire　　fass-　→　je fasse
pouvoir　puiss-　→　je puisse
savoir　　sach-　→　je sache（これも命令法と似ています）

### ポイント3 aller, vouloir

単数と3人称複数だけ特殊な語幹になり、1、2人称複数は規則通りです。（半過去と同じ）

aller　→　j'aille, nous allions
vouloir　→　je veuille, nous voulions

### ポイント4 接続法過去：avoir/être の接続法現在＋過去分詞

voir

| j'  | aie vu  | nous | ayons vu |
|-----|---------|------|----------|
| tu  | aies vu | vous | ayez vu  |
| il  | ait vu  | ils  | aient vu |

arriver

| je   | sois arrivé(e) | nous  | soyons arrivé(e)s |
|------|----------------|-------|-------------------|
| tu   | sois arrivé(e) | vous  | soyez arrivé(e)(s)|
| il   | soit arrivé    | ils   | soient arrivés    |
| elle | soit arrivée   | elles | soient arrivées   |

## 練習問題

日本語訳を参考に、正しい動詞を選んで、接続法現在（1〜6）、過去（7〜10）で活用しましょう。

[terminer, voir, se tromper, se coucher, savoir, faire, aller, venir, vouloir, pouvoir]

❶ Il faut que tu (　　　　) des efforts pour réussir.
君は成功するためには努力をしなければならない。

❷ Nicole veut que son ami (　　　　) la voir.
ニコルは恋人に会いに来てほしい。

❸ Je ne pense pas que vous (　　　　) vraiment porter cette cravate.
あなたが本当にこのネクタイを締めたいとは私には思えません。

❹ Il est important que nous (　　　　) de route.
われわれが道を間違えないことが大事だ。（否定形）

❺ Dites-lui tout pour qu'il (　　　　) la vérité.
彼に真実を知ってもらうようにすべてを彼に言いなさい。

❻ Il vaut mieux que j'(　　　　) chercher mes amis à la gare.
駅に友人を迎えに行った方がいいでしょう。

❼ C'est dommage qu'elle (　　　　) venir à la soirée.
彼女がパーティーに来られなかったのは残念です。（否定形）

❽ C'est le meilleur film que j'(　　　jamais　　　).
これは今まで見た中で一番いい映画です。

❾ Je doute que tu (　　　　) tes devoirs tout seul.
君が宿題をひとりで終えたとは思えない。

❿ Bien que vous (　　　　) tard hier soir, vous vous êtes levés tôt ce matin.
昨日は遅く寝たのに今朝は早く起きましたね。

## すっきり

直説法現在と接続法現在は活用形がまったく同じになるケースが多くあります。特に、第一群規則動詞は4つの人称で同じですね。これを、「どちらでもよい」とは決して考えないでください。たまたま同じ形になったものととらえ、これが直説法なのか接続法なのかをしっかり把握することが大切です。

*Révisons un peu.*

### +α 非人称構文

**il faut　不定法**　（～しなければならない）
　　　　**名詞**　（～が必要だ）

Il faut travailler pour vivre.
生きるためには働かなければならない。

Il faut une heure pour venir à la fac.
大学に来るのに1時間かかる。

**il vaut mieux ＋不定法**　（～した方がいい）

Il vaut mieux rester à la maison.
家にいた方がいい。

**il arrive**　（～が起こる）

Il m'est arrivé quelque chose d'étrange.
何か奇妙なことが起こりました。

**il reste**　（～が残っている）

**il y a**　（～がある）

**il est 形容詞＋de＋不定法**　（～するのは～だ）

## もやもや 16 接続法の用法

### どんなときに使うのでしたっけ？

接続法が主節で使われることはまれで、ほぼ従属節に限られます。そして、主節の動詞や接続詞句が従属節の動詞の形を決定するので、接続法を要求する表現を覚える必要があります。

接続法が用いられる表現をいくつか挙げてみます。よく使われるものですから、最初のうちはイディオムとして覚えてしまいましょう。そのうち、接続法、直説法の区別が感覚的にできるようになりますよ。

### ポイント1 名詞節

**vouloir que**
Je veux que vous soyez gentils avec vos amis.
あなたたちが友達にやさしくすることを望みます。

**douter que**
Doutes-tu qu'il n'ait raison ?
彼が正しいとは思いませんか？（虚辞のne）

**il faut que**
Il faut que tout le monde vienne à l'heure.
みんなが時間に来なければならない。

**il est possible que**
Il est possible qu'elle dise la vérité.
彼女は本当のことを言っているかもしれない。

**ne pas penser que**
Je ne pense pas qu'il fasse beau demain.
明日いい天気だとは思いません。

## ポイント2 形容詞節

・先行詞が最上級などで限定される場合
C'est le roman le plus intéressant que j'aie jamais lu.
これは今まで読んだ最も面白い小説です。
C'est la seule personne qui puisse t'aider.
あの人は君に手を貸すことができる唯一の人です。

・先行詞の名詞が求められている場合
Nous cherchons une secrétaire qui ait une bonne connaissance sur l'informatique.
コンピューターに詳しい秘書を探しています。

## ポイント3 副詞節

**pour que**
Parlez plus fort pour qu'on vous entende.
みんなに聞こえるようにもっと大きな声で話してください。

**bien que**
Bien qu'elle soit malade, Nathalie viendra au bureau.
病気なのにナタリーは会社に来るだろう。

**avant que**
Rentrons vite avant qu'il ne fasse nuit.
夜になる前に早く帰ろう。(虚辞のne)

## 練習問題

正しい動詞を選んで、接続法現在（1〜7）、過去（8〜10）で活用しましょう。

[finir, partir, attendre, faire, boire, grandir, prendre, visiter, habiter, ouvrir]

❶ Nous souhaitons que vous (　　　　) bientôt des congés.
あなたがもうすぐ休暇を取れることを私たちは願っています。

❷ On ne pourra pas partir à moins que tu ne (　　　　) vite ton déjeuner.
君が早く昼食を終えない限り、僕たちは出発できません。

❸ Nous restons sur le quai jusqu'à ce que votre train (　　　　).
あなたの列車が出発するまでプラットホームにいましょう。

❹ Il n'y a personne qui m'(　　　　) à la gare.
駅で私を待っている人はいません。

❺ Quoique vous (　　　　) très loin, vous marchez tous les jours jusqu'à la gare.
とても遠くに住んでいるのに、あなたは毎日駅まで歩きます。

❻ Isabelle accompagnait toujours son mari au bar de peur qu'il ne (　　　　) trop.
イザベルは夫が飲みすぎるのを恐れて、いつもバーについて行った。

❼ Je vais éteindre le climatiseur à condition que tu (　　　　) toutes les fenêtres.
君が窓をすべて開けてくれるなら冷房を消すよ。

❽ Nous sommes contents que vous (　　　　) ce beau château.
あなたがあの美しい城を訪れたことをうれしく思います。

❾ Je suis étonnée que vos enfants (　　　　).
あなたのお子さんたちが大きくなって驚きました。

❿ Je regrette beaucoup que vous (　　　　) des fautes d'orthographe.
あなたがスペルミスをしたのが残念でなりません。

> ＼すっきり／
>
> 「接続法は発話者の頭の中にある事柄を述べる」と言われますが、それは学習者にとってはあまり有用な情報ではありません。接続法を必要とする表現は決まっていますから、その表現をなるべく多く覚えるようにしましょう。条件法とは違い、パターンさえ覚えれば、接続法の持つニュアンスなどは考慮に入れなくともよいのです。

### +α　虚辞のneについて

　主節の否定的な意味につられて、従属節に本来はないはずのneが現れることがあります。これを虚辞のneといいます。接続法を用いる表現や比較対象の従属節で使われます。

Je crains qu'elle ne vienne.
彼女が来るのではないかと心配です。

Elle est plus intelligente que vous ne croyez.
彼女はあなたが考えているより頭がいい。

＊ Je crains qu'elle ne vienne pas.
　彼女が来ないのではないかと心配です。

# 第2部

## 代名詞がもやもやする！

　フランス語の特徴として、同じ言葉を繰り返すことを嫌う傾向があります。例えば、le Japon（日本）をl'Archipel（列島）、le pays du soleil levant（日出ずる国）などと言い換えます。代名詞も、繰り返しを避けるために用いられます。

　Ce qui n'est pas clair n'est pas français. (明晰ならざるものフランス語に非ず)

　これは、18世紀の文学者、リヴァロルの言葉です。代名詞は、何を指しているのかを明確にするため用法が細分化されており、フランス語の明晰性の代表例とも言えます。整理してしっかり理解しておきましょう。

## もやもや 17 補語人称代名詞

### 代名詞をどこに置けばいいのか よくわかりません。

補語人称代名詞で最も大事なのはその語順です。直接、間接目的語が代名詞になると語順が変わり、動詞の前に置かれます。

### キホンのルール

人称代名詞には4つの形があります。

| 主語 | je | tu | il | elle | nous | vous | ils | elles |
|---|---|---|---|---|---|---|---|---|
| 直接目的補語 | me(m') | te(t') | **le**(l') | **la**(l') | nous | vous | **les** | **les** |
| 間接目的補語 | me(m') | te(t') | **lui** | **lui** | nous | vous | **leur** | **leur** |
| 強勢形 | moi | toi | lui | elle | nous | vous | eux | elles |

　直接目的（補）語は、動詞の後に前置詞を伴わずに置かれる名詞で、おおむね「誰、何を」にあたります。間接目的（補）語は、前置詞àとともに動詞の後に置かれ、「誰に」にあたります。

　1、2人称では、直接・間接目的語が同形で、3人称のみ異なります。le, la, les / lui, leurをしっかり使い分けましょう。また、3人称の直接目的語 (le, la, les) は定冠詞と、間接目的語単数luiは3人称男性単数の強勢形と、複数leurは所有形容詞3人称複数とそれぞれ同じですから、混同しないようにしてください。

　me, te, le, laはエリジオンします。

## ポイント1 代名詞の位置

主語と動詞の間ではなく、動詞の前と覚えましょう。
J'aime bien **cette cravate**. → Je l'aime bien.
このネクタイが好きです。

さまざまな文型における代名詞の位置を確認します。

否定文　　　　Elle ne **m**'aime plus.
　　　　　　　彼女はもう僕を愛していない。
倒置疑問文　　**Vous** aime-t-il ?
　　　　　　　彼はあなたが好きなのでしょうか？
否定倒置疑問文　Ne **l**'aimes-tu pas ?
　　　　　　　君は彼（女）を愛していないの？

## ポイント2 複合時制の場合

助動詞の前に置きます。そして、補語人称代名詞と助動詞の組み合わせは決して崩してはいけません。
Vous avez vu ce film ? あの映画観ましたか？
- Oui, je **l**'ai vu. はい、見ました。
- Non, je ne **l**'ai pas vu. いいえ、見ていません。

## ポイント3 動詞が2つある場合

2つ目の動詞の直前に置きます。
Voulez-vous parler à Laurent ? ローランに話をしたいですか？
- Oui, je veux lui parler. はい、話したいです。
- Non, je ne veux pas lui parler. いいえ、話したくありません。

## 練習問題

下線部を代名詞にして、全文を書き換えましょう。

❶ Nous prenons cet avion.
(                                                                          )
　私たちはあの飛行機に乗ります。

❷ Je dis bonjour à Michelle.
(                                                                          )
　私はミシェルにおはようと言います。

❸ Finissent-ils leurs devoirs ?
(                                                                          )
　彼らは宿題を終えるのかしら？

❹ Je n'attends pas mes amis.
(                                                                          )
　私は友人を待っていません。

❺ N'avez-vous pas ce dossier ?
(                                                                          )
　あの書類は持っていませんでしたっけ？

❻ J'ai retrouvé mon portable.
(                                                                          )
　携帯、見つかりました。

❼ As-tu lu ce roman ?
(                                                                          )
　あの小説読みましたか？

❽ Vous n'avez pas obéi à vos parents.
(                                                                          )
　あなたたちは両親の言うことを聞きませんでした。

❾ Ils viennent d'offrir un cadeau à leur mère.
(                                                                          )
　彼らは母親にプレゼントをさっきあげました。

❿ Je ne peux plus porter ce pantalon.
(                                                                          )
　このズボンはもうはけません。

> ## すっきり
>
> フランス語は言葉の順番をとても大事にする言語です。**「補語人称代名詞は動詞の前」**と**「過去分詞は語順の問題に無関係」**という2つの鉄則を肝に銘じてください。

*Enrichissez votre vocabulaire !*

### +α 人称代名詞強勢形の用法

#### ①主語や目的語の強調

Moi, je préfère ce sac-ci.
私？　私はこっちのバックの方が好きです。
Lui, je l'ai vu hier.
彼？　昨日会ったよ。

#### ②前置詞とともに

Nous allons au cinéma avec vous.
私たちはあなたと一緒に映画に行きます。
Je passerai chez elle ce soir.
今晩彼女の家に寄るよ。

#### ③比較の対象（queの後）

Je cours plus vite qu'eux.
僕は彼らより速く走ります。

#### ④et, aussiなどとともに

Moi, je suis d'accord. Et toi ?　僕はOKだけど、君は？
- Moi aussi.　僕もだよ。

## もやもや 18  中性代名詞

### en, y, le…どう使い分ければいいですか？

中性代名詞は en, y, le の3種類。それぞれ受ける内容が異なります。それほど複雑な用法ではないので整理してしっかり覚えましょう。

### キホンのルール

| | | |
|---|---|---|
| en | 1) de ＋名詞 | 2) 限定されていない直接目的語 |
| y | 1) à ＋名詞 | 2) 場所の補語 |
| le | 1) 属詞の代わり | 2) 直接目的語の文や節 |

### ポイント 1

**en**

**1)「de ＋名詞」の代わり**

Camille est contente de ces résultats.
→ Camille **en** est contente.
カミーユはこの結果に満足しています。

ただし、「de ＋人」は受けられません。
Elle parle de son ami. → Elle parle **de lui**.
彼女は恋人のことを話しています。
＊前置詞＋強勢形に置き換えます。

**2) 不定冠詞、部分冠詞、数量表現のついた直接目的語の代わり**

Tu as de l'argent ?　- Non, je n'**en** ai pas.
お金持ってる？　　　いいえ、持っていません。

数詞や数量表現を動詞の後に残すことができます。
Avez-vous des enfants ?　- Oui, nous **en** avons **deux**.
お子様はいらっしゃいますか？　はい2人います。

## ポイント2 y

### 1）「à +名詞」の代わり

As-tu répondu <u>à cette lettre</u> ? - Non, je n'**y** ai pas encore répondu.
あの手紙に返事をしましたか？　いいえ、まだしていません。

ただし、「à +人」は受けられません。

A　Il obéit bien <u>à son professeur</u>. → Il **lui** obéit bien.
彼は先生の言うことをよく聞きます。

B　Je pense toujours <u>à mon ami</u>. → Je pense toujours **à lui**.
私は恋人のことをいつも考えています。

「à +人」は、A のように間接目的語になるものと、B のようにならない場合があります。とりあえずは、penser といくつかの代名動詞（s'attacher, s'intéresser など）が後者にあたり、そのほかの多くの場合は間接目的語になると考えればよいでしょう。

### 2）場所を表す補語（前置詞 à, en, dans など+名詞）の代わり

Nous entrons <u>dans un café</u>. → Nous **y** entrons.
私たちはカフェに入ります。

Mon père n'habite plus <u>à Paris</u>. → Mon père n'**y** habite plus.
父はもうパリに住んでいません。

## ポイント3 le

### 1）属詞の名詞、形容詞の代わり

Elles sont françaises ?　- Non, elles ne **le** sont pas.
彼女たちはフランス人ですか？　いいえ違います。
（女性複数でも le のまま）

### 2）直接目的語になる文、節、不定詞の代わり

Elle est déjà partie ?　Je ne **le** savais pas.
彼女はもう行っちゃったの？　知らなかったよ。
（le ＝前文）

Pourrais-tu passer chez moi ce soir ? - Oui, je **le** peux.
今晩家に寄れますか？　　　　　　　　　はい、できますよ。
（le ＝ passer 以下の不定詞句）

## 練習問題

下線部を中性代名詞にして、全文を書き換えましょう。

❶ Maurice est très fier de sa grande maison.
(                                                                )
　モーリスは大きな家が自慢です。

❷ Nous voulons voyager en Suisse.
(                                                                )
　私たちはスイスを旅行したい。

❸ Avez-vous lu beaucoup de romans français ?
(                                                                )
　フランスの小説をたくさん読みましたか？

❹ À l'époque, nous allions souvent au cinéma.
(                                                                )
　当時はよく映画に行ったものだ。

❺ Sais-tu qu'elle est mariée ?
(                                                                )
　彼女が結婚していることを知っていますか？

❻ Désolé, je n'ai plus de monnaie.
(                                                                )
　すみません。小銭がもうありません。

❼ Elle tient beaucoup à cette bague.
(                                                                )
　彼女はこの指輪をとても大事にしています。

❽ Ils sont malheureux.
(                                                                )
　彼らは不幸です。

❾ Je voudrais prendre une baguette, s'il vous plaît.
(                                                                )
　バゲットを１本買いたいのですが。

❿ Est-ce que tu penses à ton avenir ?
(                                                                )
　将来のことを考えているかい？

## すっきり

中性代名詞にはそれぞれ2通りの用法があります。en, y には人を受けられない用法があります。また、属詞を受ける le は性数変化しないので気をつけてください。語順は、補語人称代名詞と同じです。動詞の前に入って語順を変えるのはこの2種類の代名詞だけです。

*Enrichissez votre vocabulaire !*

### +α  所有代名詞

|  | 男性単数 | 女性単数 | 男性複数 | 女性複数 |
|---|---|---|---|---|
| 私 | le mien | la mienne | les miens | les miennes |
| 君 | le tien | la tienne | les tiens | les tiennes |
| 彼/彼女 | le sien | la sienne | les siens | les siennes |
| 私たち | le nôtre | la nôtre | les nôtres | les nôtres |
| あなた | le vôtre | la vôtre | les vôtres | les vôtres |
| 彼ら/彼女ら | le leur | la leur | les leurs | les leurs |

英語の mine, yours などにあたる所有代名詞は必ず**定冠詞とともに使われ、性数変化します**。

## もやもや 19　le, la, les と en

### どっちを使えばいいですか？

直接目的補語を代名詞に置き換える場合、補語人称代名詞を使うケース（17課）と、中性代名詞のenを使うケース（18課）があります。

### キホンのルール

**le, la, les**
定冠詞、所有・指示形容詞がついている名詞を受けます。
**en**
不定・部分冠詞、数量表現がついている名詞を受けます。

### ポイント1　名詞につく冠詞類で判断

直接目的語の名詞が限定されている場合は、le, la, lesを、限定されてなければenを用います。限定されているかどうかは、名詞についている冠詞類で判断します。

J'aime les tomates. → Je **les** aime.
トマトが好きです。
Je mange une tomate. → J'**en** mange **une**.
トマトを1つ食べます。

Tu as vu un film hier ?　昨日映画見たの？
- Oui, j'**en** ai vu **un**.　　はい、1本見ました。
- Non, je n'**en** ai pas vu.　いいえ、見ませんでした。

Tu as vu ce film hier ?　昨日あの映画見たの？
- Oui, je **l**'ai vu.　　はい、見ました。
- Non, je ne **l**'ai pas vu.　いいえ、見ませんでした。

## ポイント2　前文の冠詞ではなくて…

　ただし、これは代名詞に置き換えなかった場合にどんな冠詞類がつくかで決まるのであって、前の文章でどんな冠詞類が使われているかではないので注意してください。

J'ai acheté un vélo.　自転車買ったよ。
A - Ah, bon, moi aussi, j'**en** ai acheté **un**.
　　　へえ、そう、僕も1台買ったよ。
B - Ah, bon, quand **l**'as-tu acheté ?
　　　へえ、そう、いつ買ったの？

＊代名詞を使わなければ、AはJ'ai acheté **un** vélo.ですからen、Bは Quand as-tu acheté **ce** vélo ? になるから le で受けます。

## 練習問題

下線部を代名詞にして、全文を書き換えましょう。

❶ Elle chante ces chansons.
(　　　　　　　　　　　　　　　　　　　　　　　　)
　彼女はこれらの歌を歌います。

❷ Elles ont besoin de boire de l'eau.
(　　　　　　　　　　　　　　　　　　　　　　　　)
　彼女たちは水を飲む必要がある。

❸ Nous ne mettons pas de sucre dans notre café.
(　　　　　　　　　　　　　　　　　　　　　　　　)
　私たちはコーヒーに砂糖を入れない。

❹ Avez-vous retrouvé votre portefeuille ?
(　　　　　　　　　　　　　　　　　　　　　　　　)
　お財布見つかりましたか？

❺ Avant, je fumais ces cigarettes.
(　　　　　　　　　　　　　　　　　　　　　　　　)
　かつてはあのタバコを吸っていました。

❻ On vient de fermer toutes les fenêtres.
(　　　　　　　　　　　　　　　　　　　　　　　　)
　たった今窓はすべて閉めたところです。

❼ Sophie prend des photos.
(　　　　　　　　　　　　　　　　　　　　　　　　)
　ソフィーは写真を撮ります。

❽ J'ai apporté une bouteille de vin.
(　　　　　　　　　　　　　　　　　　　　　　　　)
　ワインを１本持ってきたよ。

❾ Tu n'apportes pas ton parapluie ?
(　　　　　　　　　　　　　　　　　　　　　　　　)
　君は傘を持っていかないの？

❿ Il faut que vous fassiez du sport.
(　　　　　　　　　　　　　　　　　　　　　　　　)
　あなたは運動をしなければいけない。

> **すっきり**
>
> 　le, la, les と en の使い分けは、名詞が限定されているかどうかがポイントです。同じ人、物が繰り返し言及されているときは le, la, les、同じ名詞が繰り返されているだけのときは en になります。しかし、これは冠詞類の違いで判断できるので、意味内容を深く考えなくてもよいのです。

*Enrichissez votre vocabulaire !*

**+α**　　　　　　　様々な否定表現

**ne 〜 plus**（もう〜ない）
Je ne suis plus jeune.
私はもう若くない。

**ne 〜 jamais**（けっして〜ない）
Je n'ai jamais mangé d'escargots.
エスカルゴは食べたことがありません。

**ne 〜 ni 〜 ni**（〜も〜もない）
Je n'ai ni frères ni sœurs.
兄弟も姉妹もいません。

**ne 〜 que**（〜しかない）
Il ne me reste que 10 euros.
10ユーロしか残っていません。(意味は肯定)

**ne 〜 rien**（なにも〜ない）
Vous n'avez rien vu.
あなたは何も見なかった。

**ne 〜 personne**（だれも〜ない）
Personne n'est venu.
誰も来なかった。(rien, personne は代名詞で主語にもなる)

**ne 〜 aucun**（いかなる〜もない）
Nous n'avons aucun doute.
われわれは少しも疑っていません。

## もやもや 20 代名詞の語順

### 「私に」「それを」…どっちが先？

補語人称代名詞や中性代名詞のように、動詞の前に位置する代名詞は、1つの文章中に2つまで同時に使うことができます。その時の語順は以下のようになります。

### キホンのルール

| 主語 | (ne) | me<br>te<br>nous<br>vous<br>se | **le**<br>**la**<br>**les** | lui<br>leur | y | en | 動詞<br>助動詞 | (pas)<br>(pas) | 過去分詞 |
|---|---|---|---|---|---|---|---|---|---|

Je donne ce livre à Françoise.
→ Je le lui donne.
私はこの本をフランソワーズに渡します。

Tu ne me montres pas ces photos ?
→ Tu ne me les montres pas ?
その写真は見せてくれないの？

Lucas va emprunter de l'argent à Claire.
→ Lucas va lui en emprunter.
ルカはクレールにお金を借ります。

## ポイント1 代名詞を2つ使うとき

補語人称代名詞を2つ使うときは、直接目的語は常に3人称(le, la, les)で、間接目的語が1、2人称(me, te, nous, vous)のときは「間接目的語＋直接目的語」、3人称(lui, leur)のときは「直接目的語＋間接目的語」の順になります。

＊à＋強勢形
1、2人称の直接目的語と3人称の間接目的語を同時に代名詞にすることはできません。間接目的語は「à＋代名詞強勢形」を用います。
Mon ami me présente **à ses parents**.
→ Mon ami me présente **à eux**.
恋人は私をご両親に紹介してくれる。

## ポイント2 y, en

中性代名詞(y, en)は常に人称代名詞の後に位置します。leは補語人称代名詞のleと同じ扱いです。
yとenは「y en」の順番です。

J'ai parlé à mon frère de ce film.
→ Je lui **en** ai parlé.
私は弟にその映画のことを話しました。

Je dis à Agnès que je pars demain.
→ Je **le** lui dis.
私はアニェスに明日出発すると言います。

Il y a beaucoup d'arbres dans le parc.
→ Il **y en** a beaucoup dans le parc.
公園には木がたくさんあります。

### 練習問題

下線部を代名詞にして、全文を書き換えましょう。

❶ Ils nous ont rendu l'argent.
(　　　　　　　　　　　　　　　　　　　　　　　　　　)
彼らはわれわれにお金を返してくれた。

❷ J'enverrai cette carte postale à ma tante.
(　　　　　　　　　　　　　　　　　　　　　　　　　　)
私は叔母にこの絵葉書を送ります。

❸ Tu n'emmènes pas tes enfants au zoo ?
(　　　　　　　　　　　　　　　　　　　　　　　　　　)
子どもたちを動物園に連れて行かないの？

❹ Quand annoncez-vous à vos parents que vous vous mariez avec lui ?
(　　　　　　　　　　　　　　　　　　　　　　　　　　)
ご両親に彼と結婚するといつ伝えるのですか？

❺ Je voudrais vous montrer de belles images.
(　　　　　　　　　　　　　　　　　　　　　　　　　　)
あなたにきれいな映像をお見せしたいのです。

❻ Y a-t-il une moto derrière la maison ?
(　　　　　　　　　　　　　　　　　　　　　　　　　　)
家の後ろにオートバイが1台ありますか？

❼ Ils ne se rappellent plus cette affaire.
(　　　　　　　　　　　　　　　　　　　　　　　　　　)
彼らはあの事件をもう覚えていない。

❽ Tu m'as acheté ce pull.
(　　　　　　　　　　　　　　　　　　　　　　　　　　)
君がこのセーターを買ってくれたんだよ。

❾ Elle a donné à ses enfants des bonbons.
(　　　　　　　　　　　　　　　　　　　　　　　　　　)
彼女は子どもたちにキャンディーをあげた。

❿ Je vous apporte votre boisson.
(　　　　　　　　　　　　　　　　　　　　　　　　　　)
お飲み物をお持ちします。

## すっきり

代名詞を2つ使う文は複雑でなかなかすぐには覚えられないものです。例えば、Je vous la donne. とか、Je ne le lui ai pas dit. など。よく使う組み合わせをいくつか、何度も声に出して言って暗記してみましょう。

### +α　deを伴う主な動詞表現

*Enrichissez votre vocabulaire !*

parler de（〜について話す）　　jouer de（〜を演奏する）
profiter de（〜を有効に使う）　douter de（〜を疑う）
souffrir de（〜に苦しむ）　　　dépendre de（〜次第である）

avoir besoin de（〜が必要だ）　avoir peur de（〜を恐れる）
avoir l'intention de（〜する意思がある）

s'occuper de（〜の世話をする）　se douter de（〜ではないかと思う）
se servir de（〜を使用する）　　se souvenir de（〜を覚えている）

Ça dépend de vous.　あなた次第ですよ。
Je m'en doutais !　そんなことだと思ったよ。

## もやもや 21 肯定命令文の代名詞

## 平叙文と語順が違うのですか？

平叙文では代名詞は動詞の前に置きますが、肯定命令文になると動詞の後ろにトレ・デュニオン（ハイフン）で結んで置きます。

### キホンのルール

Buvez ce vin. → Buvez-**le**.
このワインを飲んでください。
Dis bonjour à Benjamin. → Dis-**lui** bonjour.
バンジャマンにあいさつしなさい。
Allons à la campagne. → Allons-**y**.
田舎へ行きましょう。

**否定命令文**
　平叙文と同じ語順です。
Ne parlez pas de ce sujet. → N'**en** parlez pas.
その話題には触れないで。

### ポイント 1　強勢形

1、2人称単数の代名詞me, teはそれぞれmoi, toiとなります（toiは代名動詞の肯定命令文で使います）。

Donnez-**moi** de l'eau, s'il vous plaît.
すみません、お水をください。
Occupe-**toi** de ta sœur.
妹の世話をして。

## ポイント2 語末のsの復活

2人称単数の命令文で欠落していた語末のsが、次にy, enが来ることで復活し、リエゾンをします。

Va au lit. → **Vas-y**.
ベッドへ行きなさい（寝なさい）。
Mange des pommes. → **Manges-en**.
リンゴを食べなさい。

## ポイント3 代名詞が2つある場合

必ず、「動詞-直接目的語-間接目的語」の順になり、中性代名詞y, enは最後に置きます。

Offrons à nos parents cette voiture. → Offrons-**la-leur**.
この車を両親にプレゼントしましょう。
Achète-moi une belle robe. → Achète-**m'en une**.
素敵なドレスを1着買って。＊エリジオンします。
Présentez-nous votre mari. → Présentez-**le-nous**.
われわれにご主人を紹介してください。

## 練習問題

下線部を代名詞にして、全文を書き換えましょう。

❶ Prêtez votre cahier à Frédérique.
(                                    )
　あなたのノートをフレデリックに貸してあげなさい。

❷ Entrons dans ce café.
(                                    )
　このカフェに入りましょう。

❸ Achète-moi ce jouet.
(                                    )
　あのおもちゃ買って。

❹ Prends beaucoup de photos.
(                                    )
　たくさん写真を撮りなさい。

❺ Chante une autre chanson.
(                                    )
　もう1曲歌って。

❻ Répondez tout de suite à cette lettre.
(                                    )
　あの手紙にすぐ返事をしてください。

❼ Montrez-nous ces livres.
(                                    )
　それらの本を見せてください。

❽ Souviens-toi bien de cette histoire.
(                                    )
　この話はよく覚えておいてね。

❾ Envoie ce paquet à tes parents.
(                                    )
　この小包を両親に郵送しなさい。

❿ Chargez-vous de ce dossier.
(                                    )
　この件を担当してください。

## すっきり

肯定命令文では、代名詞の語順が変わるのに伴って、sが復活したり、meがmoiになったり細かいルールを覚えなければなりません。これも、Vas-y. Donnez-moi ça. など、短くて日常よく使う簡単な表現を、リエゾンも含めて音から覚えておくといいでしょう。

*Enrichissez votre vocabulaire !*

### +α 前置詞àを伴う主な動詞表現

penser à（〜のことを考える）　　obéir à（〜に従う）
tenir à（〜にこだわる）　　　　ressembler à（〜に似ている）
consentir à（〜に同意する）　　jouer à（（球技）をする）
assister à（〜列席する、居合せる）participer à（〜に参加する）
réussir à（〜に成功する）　　　hésiter à（〜をためらう）

s'intéresser à（〜に関心を持つ）
s'opposer à（〜に反対する）
s'attacher à（〜に打ち込む）

## もやもや22　関係代名詞 qui, que, où, dont

### dontの使い方がよくわかりません。

関係代名詞は関係節（形容詞節）に修飾されている先行詞の、関係節における働きによって形が決まります。先行詞の名詞が人か人以外かは、関係ありません。また、英語のように関係代名詞を省略することはできません。

### ポイント1　qui＝先行詞が関係節の主語

Connais-tu le garçon **qui** joue avec Charles ?
シャルルと遊んでいる少年を知っていますか？
Passez-moi le journal **qui** est sur le bureau.
机の上にある新聞を取ってください。

### ポイント2　que＝先行詞が関係節の直接目的語（まれに属詞）

Avez-vous lu le roman **que** je vous avais prêté ?
僕が貸した小説を読みましたか？
Je t'offre une belle robe **que** tu vas porter demain.
きれいなドレスをプレゼントするから明日着てね。
＊関係節の中の行為が時間的に後になることもあります。

　関係節内では、主語が代名詞ではないとき、主語と動詞の語順がしばしば入れ替わります。
Il cherche le restaurant chinois **que** fréquentaient ses parents.
彼は両親がよく行った中華料理屋を探しています。

## ポイント3　où＝先行詞が関係節の中で時、場所の補語

英語のwhen, whereに相当します。

Nous visiterons la ville **où** Noémie a passé son enfance.
われわれはノエミが子ども時代を過ごした町を訪れます。
La boutique **d'où** il est sorti est très chic.
彼が出てきた店はとてもおしゃれだ。
＊前置詞を伴って使うこともあります。
Je n'oublierai jamais le jour **où** nous nous sommes rencontrés.
私たちが出会った日を決して忘れません。

## ポイント4　dont＝先行詞が関係節の中で前置詞deを伴う

Je connais une jeune fille **dont** la mère est actrice.
その母親が女優の女の子を知っています。
(La mère de cette fille est actrice.)

As-tu vu le film **dont** on parle beaucoup en ce moment ?
今話題の映画観ましたか？
(On parle beaucoup de ce film en ce moment.)

Dominique a acheté un appartement neuf **dont** sa femme est satisfaite.
ドミニックは新築のアパートを購入して、奥さんはそのアパートに満足しています。
(Sa femme est satisfaite de cet appartement.)

### 練習問題

日本語訳を参考に、かっこ内に関係代名詞を入れましょう。

❶ Tu vois la dame (     ) promène son chien dans le parc ?
　公園で犬を散歩させている女性が見えますか？
❷ De quelle couleur est la cravate (     ) portait ce monsieur ?
　あの男性がしていたネクタイ何色だっけ？
❸ Je vous recommande le restaurant (     ) nous avons dîné hier.
　昨日われわれが夕食をとったレストランはお薦めです。
❹ Tu te souviens de l'Américain (     ) on a rencontré à Paris ?
　パリで出会ったアメリカ人覚えていますか？
❺ Je connais bien le garçon (     ) Martine est amoureuse.
　マルティーヌが恋している男の子をよく知っています。
❻ Montrez-moi la route par (     ) il faut passer.
　通らなければならない道を示してください。
❼ Voici le dictionnaire (     ) tu as besoin pour apprendre le français.
　これがフランス語を習うのに必要な辞書です。
❽ Quelle est l'année (     ) la France a gagné la Coupe du monde ?
　フランスがワールドカップに優勝したのは何年ですか？
❾ Voici des vêtements (     ) plaisent aux jeunes.
　こちらが若者が好む洋服です。
❿ Olivier a épousé une jeune fille (     ) le père est très riche.
　オリヴィエは父親がとても金持ちの娘と結婚した。

## すっきり

dontの用法は主に2つです。la fille dont la mère est actriceのタイプは、先行詞が関係節の主語を修飾していて、英語のwhoseに似ています。一方、le film dont on parleは動詞parlerがdeを伴うので関係代名詞がdontになります。このタイプのものは日本語訳から判断するのが難しいので動詞表現をよく覚えなければなりません。中性代名詞のenと関連させて考えると理解が深まりますよ。

*Enrichissez votre vocabulaire !*

### +α　toutを使った主な慣用表現

| | |
|---|---|
| tout le monde | 皆、全員 |
| tout de suite | すぐに |
| tout à fait | まったく、まさに |
| tout de même | それでも |
| tout à coup | 突然 |
| tout à l'heure | さっき、すぐ後 |
| de toute façon | いずれにせよ |
| après tout | けっきょく |
| ne ~ pas du tout | 全然～ない |
| c'est tout | それですべてだ |

# もやもや 23 前置詞を伴う関係代名詞

## 前置詞の使い方がよくわかりません。

間接目的語やその他の状況補語として働く場合、関係代名詞は基本的に前置詞の後に置かれます。その時、関係代名詞は先行詞の名詞の種類によって形が異なります。

### ポイント1 先行詞が人の場合：前置詞 + qui

Marianne est une amie **avec qui** j'ai voyagé au Japon.
(J'ai voyagé au Japon avec cette amie.)
マリアンヌは私が一緒に日本を旅行した友人です。
L'étudiant **à qui** elle a prêté son stylo est déjà parti.
(Elle a prêté son stylo à cet étudiant.)
彼女がペンを貸した学生はもう帰りました。

### ポイント2 先行詞が人以外のとき：前置詞 + lequel ...

先行詞の性数に合わせて **lequel, laquelle, lesquels, lesquelles** と変化します。
Voilà la raison **pour laquelle** Eloïse a quitté son copain.
(Eloïse a quitté son copain pour cette raison.)
これがエロイーズが恋人と別れた理由です。

## ポイント3 縮約

前置詞が à, de のとき、定冠詞のように縮約が起こります。

à + lequel → **auquel**
à + lesquels → **auxquels**
à + lesquelles → **auxquelles**
de + lequel → **duquel**
de + lesquels → **desquels**
de + lesquelles → **desquelles**

Ce sont des objets **auxquels** tenait beaucoup mon grand-père.
(Mon grand-père tenait beaucoup à ces objets.)
これらは祖父がとても愛着を持っていた品々です。
Prenez ce chemin au bout **duquel** il y a une grande place.
(Il y a une grande place au bout de ce chemin.)
そのつきあたりに大きな広場があるこの道を行きなさい。

## ポイント4 前置詞 + quoi

先行詞が ce, rien などの不確定なものや前の文章全体の場合、前置詞 + quoi の形をとります。

Ce n'est pas ce **à quoi** tu pensais.(Tu pensais à cela.)
それは君の考えていたことではないね。
Travaillez bien, **sans quoi** vous échouerez aux examens.
(Vous échouerez aux examens sans cela.)
よく勉強しなさい、さもないと試験に失敗しますよ。

> 練 習 問 題

日本語訳を参考に、関係代名詞（必要があれば縮約して）を入れましょう。

❶ Je vous montre le stylo avec (　　　) l'écrivain a écrit ses romans.
　その作家が小説を書いた万年筆をお見せしましょう。

❷ Monique est une personne sur (　　　) vous pouvez compter.
　モニクはあなたが頼りにできる人物です。

❸ Apportez-moi toutes les lettres (　　　) je dois répondre.
　私が返事をしなくてはならない手紙を全部持ってきてください。

❹ Je ne comprends pas ce sur (　　　) il a insisté.
　彼が強調したことを私は理解できない。

❺ N'oublie pas la clé sans (　　　) tu ne pourras pas ouvrir la porte.
　鍵を忘れないで。それがないと扉を開けられないよ。

❻ Je vous présente M. Duroc avec (　　　) vous allez travailler.
　あなたがこれから一緒に働くデュロック氏を紹介しましょう。

❼ Les vacances d'été sont une période pendant (　　　) voyagent beaucoup de Français.
　夏休みは多くのフランス人が旅行をする時期です。

❽ Elle a dû vendre tous les bijoux (　　　) elle tenait beaucoup.
　彼女は愛着を持っていた宝石をすべて売らなければならなかった。

❾ La dame à (　　　) nous avons dit bonjour ce matin habite dans ce bâtiment.
　今朝私たちがおはようとあいさつした婦人はこの建物に住んでいます。

❿ C'est un sujet très délicat sur (　　　) on va discuter.
　これから議論するのはとても微妙なテーマです。

## すっきり

　前置詞とともに用いる関係代名詞は、先行詞の名詞の種類によって形を変え、かつ性数変化も起こります。その煩雑さを避けるため、使用頻度の高い前置詞deや時や場所を表す状況補語のときは、dont, oùといった簡略化が起こると考えられます。関係代名詞の前に置かれる前置詞は関係節の構文によって決まりますから、ここでも動詞と前置詞をセットで覚えることが大事になります。

*Enrichissez votre vocabulaire !*

### +α　疑問代名詞
### lequel, laquelle, lesquels, lesquelles

　先行詞が人以外のとき、前置詞とともに使われる関係代名詞、lequel, laquelle...は、「どれ」「どっち」の意味で選択の疑問代名詞としても用いられます。

Lequel de ces gâteaux veux-tu prendre ?
これらのケーキのどれを食べたい？
Lesquelles de ces chaussures est-ce qu'elle va porter ?
これらの靴のどれを彼女は履くだろう？

　縮約も同様に起こります。
Auquel de ses copains Mathieu téléphonera-t-il ?
マチューは友達の誰に電話するのでしょう？

## もやもや 24 関係代名詞 dont と duquel, de laquelle ...

### どれを使えばいいのですか？

先行詞が関係節で前置詞 de とともに働いている場合、関係代名詞が dont になるケースと、duquel, de laquelle, desquels, desquelles となるケースがあります。

### キホンのルール

dont ： 前置詞が de のとき
duquel ... ： de を含む前置詞句のとき

### ポイント 1  dont の用法

先行詞が de を伴って関係節内で次の働きをするとき、dont となります。

**1）主語を修飾する**

J'ai un ami **dont** le père est avocat.
(le père de cet ami)
私は父親が弁護士をしている友人がいます。

**2）直接目的語を修飾する**

Où se tient l'exposition **dont** on a annoncé l'ouverture à la radio ?
(l'ouverture de cette exposition)
ラジオでその開幕が告げられた展覧会はどこで行われますか？

**3）動詞の補語になる**

Montrez-moi le livre **dont** vous m'avez parlé l'autre jour.
(parler de ce livre)

先日話題になさった本を見せてください。
On va acheter les cahiers **dont** tu auras besoin pour la rentrée.
(avoir besoin de ces cahiers)
君が新学期に必要なノートを買いましょう。

**4）形容詞の補語になる**
Connais-tu les fils **dont** Mireille est très fière ?
(être fier de ces fils)
ミレイユご自慢の息子さんたちを知っていますか？

## ポイント2 duquel, de laquelle ...の用法

　先行詞が「ポイント①」の用法以外で前置詞deとともに働くケースすべてでduquel, de laquelle, desquels, desquellesとなります。

Voici le nouveau musée à l'ouverture **duquel** nous allons assister.
これがその開会式にわれわれが出席する新しい美術館です。

　このような用法は稀で、実際はdeを含んだ前置詞句とともに使われることが多いです。
L'église en face **de laquelle** ils habitent est très célèbre.
(Ils habitent en face de cette église.)
彼らがその正面に住んでいる教会はとても有名です。
Elle s'est promenée dans un parc au milieu **duquel** il y a une belle fontaine.
(Il y a une belle fontaine au milieu de ce parc.)
彼女は中央に美しい噴水のある公園を散歩しました。

　先行詞が人の場合は「de + qui」になります。
Le monsieur à côté **de qui** j'étais assise dormait pendant tout le spectacle.
(J'étais assise à côté de ce monsieur.)
私がその隣に座っていた男の人は、上演中ずっと寝ていました。

## 練習問題

関係代名詞 dont, duquel, de laquelle … を用いて文を1つにしましょう。

❶ Voici mes camarades de classe.
　Certains de ces camarades viennent de l'étranger.
（　　　　　　　　　　　　　　　　　　　　　　　　）
　これが僕のクラスメイトで、何人かは外国出身です。

❷ Comment s'appelle la rivière ?
　Tu cours tous les matins le long de cette rivière.
（　　　　　　　　　　　　　　　　　　　　　　　　）
　君が毎朝それに沿って走っている川は何と言う名前ですか？

❸ Corinne a eu de bons résultats scolaires.
　Ses parents seront contents de ces résultats.
（　　　　　　　　　　　　　　　　　　　　　　　　）
　コリンヌはよい成績をとった。ご両親はその成績に満足するでしょう。

❹ Nous allons visiter un lac.
　Autour de ce lac, il y a de belles montagnes.
（　　　　　　　　　　　　　　　　　　　　　　　　）
　われわれはその周辺にすてきな山がある湖を訪れます。

❺ Retournons jusqu'à la gare.
　Nous avons garé notre voiture près de la gare.
（　　　　　　　　　　　　　　　　　　　　　　　　）
　その近くに車を停めた駅まで戻りましょう。

## すっきり

dontは性数変化を避ける関係代名詞の簡略化と考えられます。ですから、dontをduquel で置き換えることは理論上可能ですが、実際は使用法が区別されています。細かいルールですが、とりあえず、前置詞がdeだけのときはdontを、数語からなる前置詞句が形成されていたらduquelを使うぐらいの理解でいいでしょう。

*Enrichissez votre vocabulaire !*

### +α　certain

①**形容詞**

**確実な（名詞の後ろ、または属詞）**

En avez-vous la preuve certaine ?
確実な証拠をお持ちですか？

Il est certain que Serge arrivera bientôt.
セルジュがまもなく着くのは確かだ。

**ある、いくつかの（名詞の前）**

On ne cultive pas de vignes dans certaines régions de France.
フランスのいくつかの地方ではブドウを栽培していない。

②**不定代名詞**

**ある人たち、何人か**

Certains aiment le café, d'autres préfèrent le thé.
コーヒーが好きな人もいれば紅茶を好む人もいます。

Je ne connaissais pas certaines de ces étudiantes.
これらの女子学生の何人かを私は知らなかった。

# もやもや 25 指示代名詞

## 種類が多くて使い方がよくわかりません。

「これ」「それ」「あれ」を示す指示代名詞には、性数変化するものとしないものがあります。

### ポイント1 性数変化するもの

|    | 単数  | 複数   |
|----|-------|--------|
| 男性 | celui | ceux   |
| 女性 | celle | celles |

基本的に既出の名詞の代わりになります。単独では使われず、主に以下のような形容語とともに使われます。

#### 1) –ci, -là

近い方に-ci、遠い方に-làをつけます。

Voici deux voitures; **celle-ci** est à moi et **celle-là** est à ma femme.
車が2台あります。こっちが私のであっちは妻のです。

Vous aimez le vin ? Alors, prenez **celui-ci**, il est magnifique.
ワインがお好きですか？ ではこれをお買いなさい、素晴らしいですよ。

#### 2) de+名詞

主に所有者を示します。

Ma maison est plus petite que **celle de** Jean-Pierre.
僕の家はジャン・ピエールの家より小さい。

### 3）関係節

Non, ce n'est pas ce chapeau-là, mais j'aimerais porter **celui que** tu m'a offert pour mon anniversaire.
いや、その帽子ではなくて、誕生日に君がくれたのをかぶりたいよ。

　既出の名詞を受けずに「〜という人」を示すこともあります。
**Ceux qui** ont faim doivent se laver les mains.
お腹のすいた人は手を洗ってください。

## ポイント2 性数変化しないもの

### 1) ce

・être の主語
**Ce** n'est pas un bon film.
それは良い映画ではない。

・関係節の先行詞
Répétez **ce que** vous m'avez dit.
私におっしゃったことを繰り返してください。
Je ne comprends pas **ce dont** il s'agit.
何が問題なのかわかりません。

### 2) ceci, cela, ça

　近いものをceci、遠いものをcelaで漠然と受けます。
**Ceci** est bon mais **cela** est meilleur.
これはおいしいけど、あれはもっとおいしい。

　celaは、口語や慣用表現では ça となります。
Tu aimes ce plat ? - Oui, j'aime bien **ça**.
この料理好き？　　　　うん、好きだよ。
＊食物の好き嫌いを言うときは、人称代名詞ではなくçaを使うことが多いようです。

## 練習問題

日本語訳を参考に、指示代名詞を入れましょう。

❶ Quelle cravate vas-tu porter ? - Je porterai (　　　)-ci.
「どのネクタイをするの？」「これを締めるよ」

❷ (　) y est. J'ai fini mes devoirs.
やった！　宿題終わったよ。

❸ Mes copines sont plus bavardes que (　　) de ma sœur.
私の女友達は姉の女友達よりおしゃべりです。

❹ (　　) qui étaient dans la rue ont vu cet accident terrible.
通りに出ていた人はその恐ろしい事故を目撃しました。

❺ Prenez (　　). Je prends (　　).
それにしなさい。私はこれにします。

❻ Quel TGV prenez-vous ? - Nous prenons (　　) qui part à 11 heures et demie.
「どのTGVに乗るの？」「私たちは11時半発のに乗ります」

❼ (　) est un chiot tout mignon.
それはとてもかわいい子犬です。

❽ Tu sais (　　) qui lui est arrivé ?
彼女に何が起こったのか知っていますか？

❾ J'ai acheté deux livres ; (　　)-ci est plus cher que (　　)-là.
本を2冊買った。こっちはあっちより高い。

❿ Nous nous promenons cet après-midi ? - (　) dépend du temps.
「午後、散歩に行く？」「天候次第だね」

## すっきり

　指示代名詞も、補語人称代名詞や中性代名詞と同様に、同じ名詞の繰り返しを避けるために用いられます。違いはまず語順です。指示代名詞は動詞の前に入りません。また、指示代名詞は、名詞が主語、目的語、状況補語等、どんな働きをしていても取って代わることができます。

　口語では、直接目的の人称代名詞 le, la, les の代わりにçaがよく使われ、主語代名詞の3人称が人以外を指すときはce, ça になることが多いです。

*Enrichissez votre vocabulaire !*

### +α　prendreを使った慣用表現

① **prendre A pour B**（AをBと見なす（取り違える））
　J'ai pris son frère pour Benoît.
　ブノワのお兄さんをブノワと間違えました。

② **prendre 人（物）en**（〜を〜の状態で捕らえる）
　On a pris le voleur en flagrant délit.
　泥棒は現行犯で捕らえられた。

③ **à tout prendre**（要するに、結局）
　À tout prendre, vous avez raison.
　つまりあなたが正しいのです。

④ **Qu'est-ce qui te prend ?**
　いったいどうしたの？（何が君を捕らえたんだ）

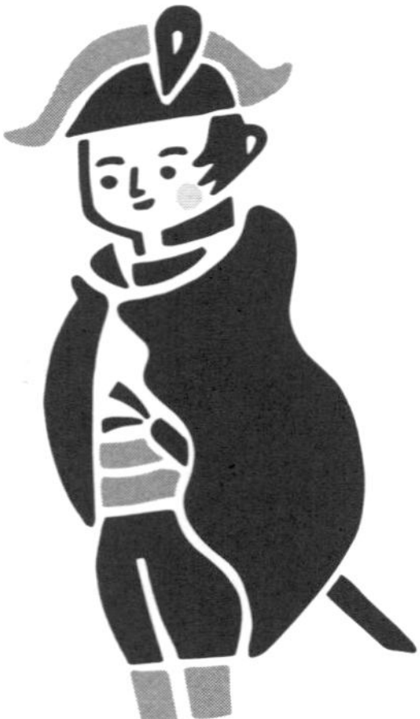

# 第 3 部

## 性数一致、比較級・最上級…まだまだもやもやする！

動詞の活用と代名詞以外にも、重要なポイントがあります。性数一致、比較級・最上級、使役・知覚動詞、間接話法など、レベルアップのためにぜひ理解を深めましょう。

## もやもや 26 過去分詞の性数一致

### いつ、何と一致するのでしたっけ？

過去分詞は、主語と性数一致するときと、直接目的語と一致するときがあります。

### キホンのルール

**主語と性数一致**

être ＋過去分詞の構文では主語と過去分詞が一致します。

[複合時制]

Elles **seront entrées** dans la salle avant le professeur.
彼女たちは先生より先に教室に入っているでしょう。

Nadine **s'est aperçue** de son erreur.
ナディヌは自分の過ちに気づいた。

**代名動詞は、性数一致しないパターンがあります。**（→9課）

Ils se sont téléphoné tous les soirs.
彼らは毎晩電話した。

[受動態] （→10課）

Nous **avons été** chaleureusement **accueilli(e)s**.
私たちは大歓迎を受けた。

Marie-Pierre **n'est pas invitée** à dîner.
マリー・ピエールは夕食に招待されていない。

## 直接目的補語と一致

　直接目的補語が過去分詞より前にあるとき、過去分詞はその直接目的補語と性数一致します。

### ポイント1　人称代名詞の場合

Cette robe, c'est mon mari qui me l'a offerte pour mon anniversaire.
このドレス、夫が私の誕生日にプレゼントしてくれました。
Où ai-je mis mes lunettes ?　どこに眼鏡置いたかな？
- Tu les as mises sur ton bureau.　事務机の上よ。

　ただし、中性代名詞enは、直接目的語で何を指すかわかっていても性数一致しません。
As-tu acheté des pommes ?　リンゴ買った？
- Oui, j'en ai acheté un kilo.　うん、1キロ買ったよ。

### ポイント2　queで導かれる関係節の場合

Est-ce que vous avez lu tous les romans que je vous avais recommandés ?
私がすすめた小説は全部読んだのですか？
Jean-Luc nous a montré les photos qu'il avait prises au Japon.
ジャン・リュックは僕たちに日本で撮った写真を見せてくれた。

### ポイント3　疑問文・感嘆文の場合

　疑問文・感嘆文でも性数一致が起きます。
Combien de croissants ont-ils mangés ?
彼らはいくつクロワッサンを食べましたか？
Lesquelles de ses chansons a-t-elle chantées ?
持ち歌のうちどの歌を彼女は歌ったの？
Quelles belles fleurs tu m'as offertes !
なんてきれいな花をプレゼントしてくれたの！

## 練習問題

下線部の過去分詞を必要に応じて性数一致させましょう。

❶ Tous mes élèves sont déjà <u>descendus</u> dans la cour.
　私の生徒は全員校庭にすでに出ました。

❷ Il y a un mois, ce monsieur a acheté une grosse moto qu'il a <u>revendue</u> tout de suite après.
　1か月前、この男の人は大きなバイクを買ったが、すぐ後で売ってしまった。

❸ Nous avons été tous <u>invités</u> par notre chef.
　われわれは皆、上司に招かれました。

❹ Lucie et Jeanne seront <u>arrivées</u> avant nous.
　リュシーとジャンヌはわれわれより前に到着するでしょう。

❺ Et ces lettres-là, je les ai toutes <u>reçues</u> ce matin.
　あの手紙はすべて今朝受け取りました。

❻ Elle s'est <u>acheté</u> une très belle voiture de sport.
　彼女はとてもすてきなスポーツカーを買いました。

❼ J'ai vu tous les films qu'il a <u>tournés</u> à Hollywood.
　彼がハリウッドで撮った映画はすべて見ました。

❽ Quels documents avez-vous <u>mis</u> dans la serviette ?
　かばんの中にどの資料を入れたのかね？

❾ Quand il est rentré, ses enfants s'étaient déjà <u>endormis</u>.
　彼が帰宅したとき、子どもたちはすでに寝入っていた。

❿ Les baguettes, tu les as <u>achetées</u> dans quelle boulangerie ?
　バゲットはどのパン屋で買ったの？

## すっきり

　フランス語は代名詞を多用しますから、その代名詞が指し示すものを明確にするための細かいルールが存在します。例えば、人称代名詞3人称単数（le, la）を用いる場合、助動詞の avoir はどの時制においても必ず母音で始まりますから、代名詞は l' になります。このとき、過去分詞の形で代名詞の性がわかるようになっているのです。

Ce mail, je l'ai envoyé à ma copine.
そのメールは彼女に送りました。
Cette lettre, je l'ai envoyée à ma copine.
その手紙は彼女に送りました。

*Enrichissez votre vocabulaire !*

## +α　coup を使った主な慣用表現

### donner un coup de

Il a donné beaucoup de coups de pieds à son adversaire.
彼は対戦相手に多くのキックを放った。
Ma mère m'a donné un coup de main pour préparer le dîner.
夕ご飯の準備は母が手伝ってくれた。

### boire un coup

Allons boire un coup après le travail.
仕事の後一杯やろうぜ！

### du coup （したがって、そのために）

Mon fils est tombé malade, du coup, j'ai pris un congé.
息子が病気になりました。よって私は休暇を取りました。

## もやもや 27 特殊な比較級・最上級

### meilleur, mieux 以外にもあるのですか？

plus などを用いない特別な比較級、最上級があります。bien, bon の優等比較級はそれぞれ、plus bien のかわりに mieux, plus bon とは言わずに meilleur(e)(s) になります。

### キホンのルール

bien → ~~plus bien~~ → **mieux**
bon → ~~plus bon~~ → **meilleur**(e)(s)
Natacha parle français **mieux** qu'Eva.
ナターシャはエヴァよりフランス語が上手です。

定冠詞を前につけ加えると最上級になります。
Ce vin-ci est **le meilleur** de la région.
このワインはこの地方で一番おいしい。

### ポイント1 同等、劣等の比較級、最上級

bien, bon の同等、劣等の比較級、最上級はルール通りです。
Je trouve la bière japonaise aussi bonne que la bière allemande.
日本のビールはドイツビールと同じくらいおいしいと思います。
Véronique nage le moins bien de la classe.
ヴェロニックはクラスで一番泳ぎが下手だ。

## ポイント2 その他の特殊な比較級・最上級

### beaucoup

優等比較級 plus, 同等比較級 autant, 劣等比較級 moins

**・名詞の数量を表す場合**

Je bois plus de bière que de vin.
私はワインよりビールを多く飲みます。
Vous avez autant de devoirs que vos camarades.
君たちにはクラスメートと同じ量の宿題がある。
Emile lit le moins de livres de la classe.
エミールはクラスで一番本を読まない。

**・副詞として動詞を修飾する場合**

Elle travaille plus que moi.
彼女は私より働く。
C'est Simone qui mange le moins de la famille.
家族で一番食べないのはシモーヌです。

## ポイント3 pire, pis, moindre

**pire** mauvaisの優等比較級、最上級。抽象的、比喩的な悪について用いられます。

Le résultat est pire que prévu.
結果は予想より悪い。

＊具体的な表現では plus mauvais を用いることが多いです。
Aujourd'hui, il fait plus mauvais qu'hier.
今日は昨日より天気が悪い。

**pis** malの優等比較級、最上級。成句以外での用法は稀です。

Tant pis！（残念だが）仕方がないね。

**moindre** petitの優等比較級、最上級。抽象的な小ささの意味で使われます。

C'est du vin de moindre qualité.
これは質の悪いワインだ。

## 練習問題

日本語訳を参考に、適切な単語を入れて文章を完成させましょう。

❶ C'est le (　　　) fromage que j'aie jamais mangé.
これは今まで食べた中で一番おいしいチーズです。

❷ Les Italiens travaillent (　　　) que les Espagnols.
イタリア人はスペイン人と同じくらい働きます。

❸ C'est José qui dessine (　　　) de la classe.
クラスで一番絵が上手なのはジョゼだ。

❹ Ne vous en faites pas. C'est la (　　　) des choses.
気にするなよ。ちっちゃなことじゃないか。

❺ Cécile a toujours de (　　　) notes que moi.
セシルは私よりいつも点数がいい。

❻ Vous avez eu (　　　) de chance de l'équipe.
あなたたちはチームで一番運が悪いですね。

❼ Solange travaille (　　　) que sa sœur.
ソランジュは妹より勉強します。

❽ Attention, il y a des ennemis encore (　　　).
気をつけて。もっと恐ろしい敵がいるよ。

❾ Le riz français est (　　　) que le riz japonais.
フランスのお米は日本米よりおいしくない。

❿ Nous avons (　　　) chiens que de chats.
われわれは猫より犬を多く飼っています。

> **すっきり**
>
> それが規則通りであれ、特殊形であれ、比較級と最上級の区別は、フランス語の文章を読み解く1つのカギになります。文中では定冠詞類がつくかどうかの違いしかないので注意が必要です。

*Enrichissez votre vocabulaire!*

**+α   autantを用いた成句表現**

**Autant ( vaut ) ＋不定法**（〜する方がいい）
Autant dire la vérité !
本当のことを言った方がいいよ。

**autant que**（〜の範囲内で）
Je travaille autant que je peux.
できる範囲で勉強します。

**C'est autant de ＋過去分詞**（いずれにせよそれだけ〜した）
C'est autant de gagné.
結局それだけ得をしたんだよ。

**d'autant plus ( moins, mieux) que**（〜であるだけますます〜）
Le texte est d'autant plus difficile qu'il est écrit en ancien français.
古語フランス語で書かれているだけ、なおさらこのテキストは難しい。

**pour autant**（それにもかかわらず、だからといって）
Elle n'est pas méchante, mais elle n'est pas gentille pour autant.
彼女は意地悪ではない。かといって親切でもない。

## もやもや 28 使役・知覚動詞

### 語順はすべての動詞で同じですか？

使役動詞（faire, laisser）と知覚動詞（entendre, voir など）は、いずれも動詞の不定法とその動作主を補語とします。

### キホンのルール

[使役動詞]

**faire**（〜させる）　　Nous avons fait venir le médecin.
私たちは医者を来させました。

**laisser**（〜するがままにしておく）　Tu laisses Zoé partir ?
ゾエを行かせてしまうの？

[知覚動詞]

J'entends les gens crier.
人々が叫んでいるのが聞こえます。

Avez-vous écouté chanter ma fille ?
娘が歌うのをお聞きになりましたか？

Ils ont vu leur professeur arriver.
彼らは先生が着いたのを見た。

Bernadette regardait son ami courir.
ベルナデットは恋人が走るのを見ていた。

## ポイント1　不定法が自動詞の場合

**faire**　「主語＋faire＋不定法＋動作主」の語順になります。
**laisserと知覚動詞**　「主語＋動詞＋動作主＋不定法」も可。
On laisse passer les gens.　人々を通らせます。
＝On laisse les gens passer.
　動作主を人称代名詞（直接目的語）にして、動詞の前に置くことができます。
Nous l'avons fait venir.　私たちは彼を来させた。
Je les entends crier.　彼らが叫んでいるのが聞こえる。

## ポイント2　不定法が他動詞の場合

**faire**　動作主を前置詞àまたはparで示します。
Sa mère a fait faire la vaisselle à (par) Marie-Claire.
母親はマリー・クレールに食器を洗わせた。
　動作主を人称代名詞にするときは間接目的語になります。
＝Sa mère lui a fait faire la vaisselle.

**laisser**　「動作主＋不定法」も可。
Nous laissons les enfants faire du football.
＝Nous laissons faire du football aux enfants.
子どもたちにサッカーをさせておく。
　代名詞にするときは2通りの方法があります。
Nous les laissons en faire. ＝Nous leur en laissons faire.

**知覚動詞**　語順は「動作主＋不定法」。
J'ai vu l'acteur prendre le taxi. ＝Je l'ai vu le prendre.
その俳優がタクシーに乗るのを見ました。

## ポイント3　代名動詞における使役表現

　使役動詞は代名動詞でも使います。
Chloé s'est fait couper les cheveux par le coiffeur.
クロエは美容師に髪を切ってもらった。

## 練習問題

日本語訳を参考に、使役、知覚動詞を正しい形にして入れて文章を完成させましょう。

❶ Elle (          ) manger son bébé.
彼女は赤ちゃんにご飯を食べさせた。

❷ Tout le monde l'(          ) dire des mensonges.
全員が彼がうそを言うのを聞きました。

❸ Je (          ) des personnes âgées se promener dans ce parc.
お年寄りがこの公園を散歩するのを見ますね。

❹ On ne (          ) pas entrer n'importe qui.
誰でも入れちゃだめだよ。

❺ N'as-tu pas (          ) dire qu'elle allait se marier ?
彼女が結婚するって聞かなかった？

❻ Ne vous (          ) pas aller.
成行きに任せないでください。

❼ Je vais (          ) finir ses devoirs à mon fils.
私は息子に宿題を終わらさせます。

❽ J'(          ) souvent parler de vous.
よくお噂は耳にしますよ。

❾ Helvé (          ) opérer dans cet hôpital.
エルベはこの病院で手術を受けた。

❿ Nous (          ) en nous monter la colère.
われわれは体内を怒りが上ってくるのを感じた。

> ## すっきり
>
> 使役、知覚動詞に関しては、語順の規則がfaireだけがほかと異なり、**faireと不定法は必ず続けて並べて、間にいかなる言葉もはさみません。**
>
> 代名詞を用いる場合の過去分詞の性数一致など、細かいルールは辞書を参照してください。

*Enrichissez votre vocabulaire !*

---

**+α** ## permettre, empêcherの用法

使役動詞と似た意味を持つ動詞に、permettre（〜することを可能にする）とempêcher（〜するのを妨げる）があります。特に事物（人以外）を主語として、目的語に動作主を置いて使われます。2つの動詞で構文が違うので注意しましょう。

### permettre à 人 de ＋不定法
Son état de santé ne lui permet pas de faire du sport.
彼の健康状態は彼に運動することを許しません。
（彼は健康がすぐれないのでスポーツはできません）

### empêcher 人 de ＋不定法
Le mauvais temps nous a empêchés de sortir.
悪天候がわれわれが外出するのを邪魔した。
（天気が悪くて外出できませんでした）

## もやもや29 間接話法

### 変換方法が複雑です。

人の発言をそのまま引用する直接話法を、従属節の中に取り込む間接話法に変換するのには、いくつかのルールがあります。簡単に整理してみましょう。

### キホンのルール

主節が現在形の場合

平叙文 接続詞queでつなげます。その際、人称代名詞、所有形容詞などが変化します。

Il me dit :« Je viens chez toi ce soir. »
→ Il me dit **qu'**il vient chez moi ce soir.
　今晩君のうちに行くと彼は私に言う。

### ポイント1 疑問文

疑問詞をそのまま接続詞にして、倒置やest-ce queは解消されます。

Je lui demande :« Comment vous appelez-vous ? »
→ Je lui demande comment elle s'appelle.
私は彼女に名前を尋ねる。

que (qu'est-ce que), qu'est-ce qui はそれぞれce que, ce quiとなります。

Elle me demande :« **Qu'est-ce que** tu as mangé ? »
→ Elle me demande **ce que** j'ai mangé.
彼女は僕が何を食べたか尋ねる。
Je demande à Annie :« **Qu'est-ce qui** vous est arrivé ? »
→ Je lui demande **ce qui** lui est arrivé.
アニーに何が起こったのか聞きます。

　疑問詞のない疑問文は、siを接続詞にします。
Je demande aux élèves :« Avez-vous compris ? »
→ Je demande aux élèves s'ils ont compris.
私は生徒にわかったのか尋ねる。

## ポイント2　命令文

「de+動詞の不定法」にします。
Vous me dites :« Faites de votre mieux. »
→ Vous me dites de faire de mon mieux.
あなたは私にベストを尽くせと言う。

## ポイント3　時制の一致

　主節が過去の場合、時制の一致が起こります。

> 直接話法→間接話法／直説法現在→直説法半過去／
> 直説法複合過去→直説法大過去／直説法単純未来
> →条件法現在／直説法前未来→条件法過去

その他の時制は考慮に入れないで構いません。

Il m'a dit :« Je suis allé en France cet été. »
→ Il m'a dit qu'il était allé en France cet été.
　彼はこの夏フランスへ行ったと私に言った。

## 練習問題

「+α」も参考にして、間接話法に書き換えましょう。

❶ Je dis à mon mari : « Il va faire beau demain. »
(                                                              )
私は夫に明日はいい天気だと言います。

❷ Evelyne dit à ses enfants : « Ne faites pas de bêtises. »
(                                                              )
エヴリヌは子どもたちにいたずらをしてはいけないと言います。

❸ Tu demandes à ton amie : « Est-ce que tu veux aller au cinéma avec moi ? »
(                                                              )
君は恋人に一緒に映画にいかないか尋ねます。

❹ Je t'ai demandé : « Es-tu libre demain ? »
(                                                              )
僕は君に明日暇か聞きました。

❺ Raphaëlle m'a dit : « Je n'ai pas bien dormi. »
(                                                              )
ラファエルは私によく眠れなかったと言いました。

❻ Je t'ai dit : « Réveille-toi vite. »
(                                                              )
僕は君に早く起きなさいと言いました。

❼ J'ai demandé à mon collègue : « Où voyageras-tu le mois prochain ? »
(                                                              )
私は同僚に来月はどこに旅行に行くのか尋ねました。

❽ Vous m'avez dit : « Je n'aime pas le fromage. »
(                                                              )
あなたは私にチーズは嫌いだと言いました。

❾ Tout le monde se demandait : « Qu'est-ce qui se passe ici ? »
(                                                              )
みんなここで何が起こっているのだろうと自問していました。

❿ Tu m'as expliqué : « Je suis bien rentrée il y a une heure. »
(                                                              )
君は1時間前に帰宅したと説明してくれました。

## すっきり

間接話法における人称の調整、時制の一致などはほぼ規則的に行われます。文章を作成する際には、時間をかけて、ていねいに規則通りに変化させる練習を繰り返してください。会話はスピード感が大事ですから、当分は直接話法を用いればいいでしょう。

*Enrichissez votre vocabulaire !*

### +α 場所・時の副詞句

主節が過去の場合、間接話法では、場所、時の副詞句が以下のように変わります。ほぼ機械的に変えてしまってかまいません。

**ici → là**
**aujourd'hui → ce jour-là**
**demain → le lendemain**
**hier → la veille**
dans deux jours → deux jours après, deux jours plus tard
il y a trois mois → trois mois avant(auparavant), trois mois plus tôt
la semaine prochaine → la semaine suivante
le mois dernier → le mois précédent

Il a assuré : « Je reviendrai dans trois heures. »
→ Il a assuré qu'il reviendrait trois heures après.
彼は3時間後に戻ってくると確かに言った。

## もやもや 30　queの用法

### 長い文章を読むのが苦手です。

　長文を読み解くには、主節と従属節の関係をよく理解することが大切です。したがって、接続詞の働きに気をつけねばなりません。queは最も様々な意味で用いられる単語の1つであり、また文章全体の意味を決定する重要な役割を持っています。

## キホンのルール

感嘆文、疑問代名詞

**Que** les fleurs sont belles !
花はなんてきれいなのでしょう。
**Qu'**a-t-elle acheté ?
彼女は何を買ったの？
　これはqueが文頭に来るのでわかりやすいですね。

名詞節、関係代名詞

Je pense **que** le temps va s'améliorer.
天気は良くなると思います。
Voici la voiture **que** j'ai achetée hier.
これが昨日買った車です。
　この2つが最も頻繁に用いられるqueの用法です。まずはこの用法の可能性を考えましょう。

セットとなる単語（neやplus）とqueが離れていてわかりにくい用法があります。

## ポイント1 ne〜que

Je ne reviendrai d'Europe qu'après avoir visité plusieurs pays.
私は数か国訪れてからしかヨーロッパから帰ってきませんよ。

## ポイント2 比較のque

Il est plus gentil et courageux que vous ne le pensez.
彼はあなたが考えているよりも親切だし勇敢です。

## ポイント3 その他

queを伴う接続詞句の中でも、次のようにセットとなる単語と距離があるものは要注意です。

**si (tellement) 〜 que**
Ce roman est si intéressant et si long que tous les lecteurs ne pourront pas suffisamment dormir.
この小説はとても面白くて長いので、読者は十分睡眠がとれないでしょう。

**tant (tellement) de 〜 que**
Elle avait tant d'ennuis au bureau qu'elle s'est décidée à démissionner.
彼女は会社で多くの問題を抱えていたので辞職する決心をした。

**d'autant plus (moins)〜que**
Ce bijou est d'autant plus précieux pour moi que ma grand-mère me l'a offert.
この宝石はおばあちゃんからの贈り物だけに、いっそう私にとって大事なものです。

### 練習問題

queの用法に気をつけて、日本語に訳してみましょう。

❶ Il chante tellement bien au karaoké que personne n'osera chanter après lui.
(                                                              )
❷ Je n'ai plus comme biens que cette petite maison.
(                                                              )
❸ Autrefois, les enfants aimaient moins jouer dans la maison que courir dans les champs.
(                                                              )
❹ J'espère que vous aurez autant de bonheur et de chance que vos parents.
(                                                              )
❺ Cela est d'autant plus facile pour toi que tu es encore jeune.
(                                                              )
❻ Je courrai demain matin à moins qu'il ne pleuve.
(                                                              )
❼ On ne savait pas que vous aviez fait beaucoup d'efforts.
(                                                              )
❽ Vous ne regretterez jamais le choix que vous avez fait ?
(                                                              )
❾ S'il faisait beau et que tu ne sois pas pris, nous pourrions faire une balade sur la plage.
(                                                              )
❿ Qu'il vienne ici tout de suite !
(                                                              )

> **すっきり**
>
> queの様々な用法を区別できるようになると、文章の読解力が飛躍的に向上します。これは実体験ですが、語学の進歩を実感できた瞬間でした。

*Enrichissez votre vocabulaire !*

**+α**　　　　　　　　　**主な接続詞句**

・直説法をとるもの

**si bien que**

J'ai raté le train si bien que je suis arrivé en retard.
私は電車に乗り損ねた。したがって遅刻した。

**de sorte que**

Il n'a pas réussi aux examens de sorte qu'il devra suivre le cours de rattrapage.
彼は試験に合格しなかったので、補習授業を受けなければならない。

・接続法をとるもの

**bien que**

Bien que tu travailles bien, ta mère n'est pas contente.
君はちゃんと勉強するのに、お母さんは満足していない。

**de sorte que**

On le laissera tranquille de sorte qu'il reprenne le moral.
彼がやる気を取り戻すようにそっとしておいてあげよう。

・条件法をとるもの

**au cas où**

Achetons un croissant de plus au cas où notre fils prendrait le petit déjeuner demain matin.
息子が明日の朝ご飯を食べるかもしれないから、クロワッサンをもう1つ買いましょう。

## 練習問題の解答

### 1　直説法現在
❶ est　❷ font　❸ dites　❹ ai　❺ va　❻ sommes　❼ faites　❽ sont
❾ as　❿ vont

### 2　-er動詞
❶ enlève　❷ essuyez　❸ possède　❹ mènent　❺ envoie　❻ rappelle
❼ rangeons　❽ essayes ( essaies )　❾ lançons　❿ jettes

### 3　-ir動詞
❶ accueille　❷ Souffre　❸ obéissent　❹ reviens　❺ offrez　❻ réussis
❼ servent　❽ Retenez　❾ dormez　❿ choisissons

### 4　-re, -oir動詞
❶ perds　❷ buvez　❸ apprenez　❹ rend　❺ savent　❻ Peux
❼ revoyons　❽ reçoivent　❾ Éteignez　❿ paraît　⓫ Mets　⓬ vivons

### 5　複合過去①
❶ est morte　❷ ai mis　❸ as pris　❹ a attendu　❺ sommes déjà partis
❻ sont devenues　❼ avez téléphoné　❽ avons revendu　❾ est restée
❿ ont reçu

### 6　複合過去②
❶ n'a pas eu　❷ avons passé　❸ n'ont pas gardé　❹ as-tu repris
❺ N'a-t-elle pas fait　❻ n'a pas monté　❼ Avez-vous dormi
❽ sont montées　❾ As-tu sorti　❿ n'est pas sortie

### 7　複合過去と半過去
❶ est rentré, avait　❷ avais, me suis marié(e)　❸ est arrivé, neigeait
❹ est entrée, dormait　❺ regardions, a eu　❻ faisiez, ai appelé(e)
❼ jouaient, lisait　❽ ont dîné, sont allés　❾ habitions, fréquentions
❿ a changé, étiez

## 8 その他の時制
❶ rentrerons, aura préparé　❷ a eu, avait, travaillé　❸ fera
❹ fait, aura ( a )　❺ recommandait, avais, vu　❻ n'aurai pas fini
❼ était, partie, sommes passé(e)s　❽ faisait, avait fini, regarde
❾ visiterez　❿ auras lu, diras

## 9 代名動詞
❶ s'appelle　❷ Dépêche-toi　❸ ne s'est pas rappelé
❹ se sont promenées　❺ ne m'intéresse pas　❻ se vendent
❼ s'est, habillée　❽ vous inquiétez　❾ vous reposer
❿ se sont écrit

## 10 受動態
❶ Ce professeur est respecté de tous les étudiants.
❷ Ces femmes sont invitées à dîner par Simon.
❸ Le rôle principal est joué par une jeune actrice.
❹ Ces voitures ne sont pas fabriquées ici.
❺ La maison est entourée d'un grand mur.
❻ Un supermarché va être construit à cet endroit.
❼ Cette lettre a-t-elle été écrite par vous ?
❽ Emmanuelle était attendue devant le cinéma par un beau garçon.
❾ Cette chanson n'a pas été chantée par lui.
❿ Un bon couscous sera préparé par Barbara.

## 11 ジェロンディフ
❶ Maman préparait le repas en écoutant la radio.
❷ Marie-Claire s'est cassé la jambe en faisant du ski.
❸ Elle a retrouvé sa bague en cherchant sous le lit.
❹ J'ai rencontré un vieil ami en revenant du bureau.
❺ Tu arriveras à l'heure en prenant le taxi.
❻ En allant tout droit, vous trouverez la bouche de métro.
❼ En nous promenant, nous avons assisté à un accident de voitures.
❽ En travaillant tous les deux, vous pourrez gagner votre vie.

# 練習問題の解答

❾ Tout en étant très riche, il n'est pas heureux.
❿ Tout en paraissant très jeune, elle a déjà 55 ans.

## 12　分詞構文
❶ Ce sont les touristes venant d'Italie.
❷ N'aimant pas le fromage ni le vin, je ne veux pas voyager en France.
❸ La neige tombant sans cesse, tous les vols seront annulés.
❹ Voici notre interprète d'espagnol vivant au Mexique.
❺ N'ayant pas bien compris la question, tu n'as pas pu répondre correctement.
❻ Ayant fait ses études aux Etats-Unis, Claude parle couramment anglais.
❼ Mes parents étant sortis, c'est moi qui ferai la cuisine ce soir.
❽ S'étant levée de bonne heure, elle n'est pas arrivée en retard.
❾ Étant mère de trois enfants, elle n'a pas le temps de lire.
❿ N'ayant pas reçu de réponse, Etienne va écrire de nouveau.

## 13　条件法の活用、用法①
❶ ne prendraient pas　❷ diriez　❸ serait　❹ inviterais　❺ ferais
❻ n'aurait pas eu　❼ serions allés　❽ n'aurais pas fini
❾ se serait couchée　❿ auriez pu

## 14　条件法の用法②
❶ Pourrais　❷ aimerais　❸ auriez dû　❹ aurait eu　❺ mangerions
❻ aurais voulu　❼ se serait produit　❽ partiraient　❾ irais, aurais lu
❿ aurions reçu

## 15　接続法の活用
❶ fasses　❷ vienne　❸ vouliez　❹ ne nous trompions pas　❺ sache
❻ aille　❼ n'ait pas pu　❽ aie, vu　❾ aies terminé
❿ vous soyez couchés

## 16　接続法の用法
❶ preniez　❷ finisses　❸ parte　❹ attende　❺ habitiez　❻ boive

❼ ouvres　❽ ayez visité　❾ aient grandi　❿ ayez fait

### 17　補語人称代名詞
❶ Nous le prenons.　❷ Je lui dis bonjour.　❸ Les finissent-ils ?
❹ Je ne les attends pas.　❺ Ne l'avez-vous pas ?　❻ Je l'ai retrouvé.
❼ L'as-tu lu ?　❽ Vous ne leur avez pas obéi.
❾ Ils viennent de lui offrir un cadeau.　❿ Je ne peux plus le porter.

### 18　中性代名詞
❶ Maurice en est très fier.　❷ Nous voulons y voyager.
❸ En avez-vous lu beaucoup ?　❹ À l'époque, nous y allions souvent.
❺ Le sais-tu ?　❻ Désolé, je n'en ai plus.　❼ Elle y tient beaucoup.
❽ Ils le sont.　❾ Je voudrais en prendre une, s'il vous plaît.
❿ Est-ce que tu y penses ?

### 19　le, la, les と en
❶ Elle les chante.　❷ Elles ont besoin d'en boire.
❸ Nous n'en mettons pas dans notre café.　❹ L'avez-vous retrouvé ?
❺ Avant, je les fumais.　❻ On vient de les fermer toutes.
❼ Sophie en prend.　❽ J'en ai apporté une.　❾ Tu ne l'apportes pas ?
❿ Il faut que vous en fassiez.

### 20　代名詞の語順
❶ Ils nous l'ont rendu.　❷ Je la lui enverrai.　❸ Tu ne les y emmènes pas ?
❹ Quand le leur annoncez-vous ?　❺ Je voudrais vous en montrer.
❻ Y en a-t-il une derrière la maison ?　❼ Ils ne se la rappellent plus.
❽ Tu me l'as acheté.❾ Elle leur en a donné.　❿ Je vous l'apporte.

### 21　肯定命令文の代名詞
❶ Prêtez-le-lui.　❷ Entrons-y.　❸ Achète-le-moi.　❹ Prends-en beaucoup.
❺ Chantes-en une autre.　❻ Répondez-y tout de suite.
❼ Montrez-les-nous.　❽ Souviens-t'en bien.　❾ Envoie-le-leur.
❿ Chargez-vous-en.

## 練習問題の解答

### 22　関係代名詞 qui, que, où, dont
❶ qui　❷ que　❸ où　❹ qu'　❺ dont　❻ où　❼ dont　❽ où　❾ qui
❿ dont

### 23　前置詞を伴う関係代名詞
❶ lequel　❷ qui　❸ auxquelles　❹ quoi　❺ laquelle　❻ qui　❼ laquelle
❽ auxquels　❾ qui　❿ lequel

### 24　関係代名詞 dont と duquel, de laquelle ...
❶ Voici mes camarades de classe dont certains viennent de l'étranger.
❷ Comment s'appelle la rivière le long de laquelle tu cours tous les matins ?
❸ Corinne a eu de bons résultats scolaires dont ses parents seront contents.
❹ Nous allons visiter un lac autour duquel il y a de belles montagnes.
❺ Retournons jusqu'à la gare près de laquelle nous avons garé notre voiture.

### 25　指示代名詞
❶ celle　❷ Ça　❸ celles　❹ Ceux　❺ cela, ceci　❻ celui　❼ C'　❽ ce
❾ celui, celui　❿ Ça

### 26　過去分詞の性数一致
❶ descendus　❷ revendue　❸ invités　❹ arrivées　❺ reçues　❻ acheté
❼ tournés　❽ mis　❾ endormis　❿ achetées

### 27　特殊な比較級、最上級
❶ meilleur　❷ autant　❸ le mieux　❹ moindre　❺ meilleures
❻ le moins　❼ plus　❽ pires　❾ moins bon　❿ plus de

### 28　使役・知覚動詞
❶ a fait　❷ a écouté　❸ vois　❹ laisse　❺ entendu　❻ laissez　❼ faire
❽ entends　❾ s'est fait　❿ avons senti

## 29　間接話法
❶ Je dis à mon mari qu'il va faire beau demain.
❷ Evelyne dit à ses enfants de ne pas faire de bêtises.
❸ Tu demandes à ton amie si elle veut aller au cinéma avec toi.
❹ Je t'ai demandé si tu étais libre le lendemain.
❺ Raphaëlle m'a dit qu'elle n'avait pas bien dormi.
❻ Je t'ai dit de te réveiller vite.
❼ J'ai demandé à mon collègue où il voyagerait le mois suivant.
❽ Vous m'avez dit que vous n'aimiez pas le fromage.
❾ Tout le monde se demandait ce qui se passait là.
❿ Tu m'as expliqué que tu étais bien rentrée une heure plus tôt.

## 30　queの用法
❶ 彼はカラオケでとても上手に歌うので、誰も彼の後は歌いたがらない。
❷ もはや僕には、財産はこの小さな家しかない。
❸ かつて、子どもは家の中で遊ぶより野原を走り回るのを好んだ。
❹ あなた方がご両親と同じくらいの幸福と幸運に恵まれますように。
❺ 君はまだ若いだけに、これは君にとって簡単さ。
❻ 明日朝、雨が降らない限り走ります。
❼ あなたがとても努力したことは知りませんでした。
❽ ご自身のした選択を決して後悔しませんか？
❾ 天気がよくて、君に用がなかったら、僕たちは海岸を散歩できるのだが。
❿ 直ちにここに彼が来るように。

# フランス語文法早わかりシート

動詞

## 1 直説法現在

動詞の語尾パターン

- 単数人称 (je, tu, il)　＊発音は同じ
  - -er 動詞　　**-e, -es, -e**
  - -ir 動詞　　**-s, -s, -t** (-x, -x, -t / -s, -s, - )
- 1 人称複数 (nous) の語尾は **-ons**
- 2 人称複数 (vous) の語尾は **-ez**
- 3 人称複数 (ils) の語尾は **-ent**　＊発音しない

  例外 5 大不規則変化動詞：**être, avoir, aller, dire, faire**

## 2 -er動詞

-e, -es, -e, -ons, -ez, -ent

バリエーション
- -e 子音 erのとき、nous, vous以外の人称で綴りの一部が変化する
  - e→èになる　　acheter → j'ach**è**te ...
  - 子音を重ねる　　appeler → j'appe**ll**e ...
  - é→èになる　　préférer → je préf**è**re ...
- -ger, -cerのとき、nousの活用が変化する
  - manger → nous mang**e**ons
  - commencer → nous commen**ç**ons
- -yerのとき、nous, vous以外の人称でy→iになる
  - payer → je pa**i**e ... ／ employer → j'emplo**i**e
  - ＊-ayer型には規則変化 (je paye) もある。

## 3 -ir動詞

-ir動詞には主に4つの活用形がある

基本finir型（第二群規則動詞）：複数人称でfinissonsなど子音を重ねる

①partir型：複数人称で不定法語尾から3番目の子音（partirの-t-）が現れる

②venir型：語幹が単数／nous, vous／ilsで3種類に変化する

③ouvrir型：-er動詞と同じ

④その他：courir, cueillirなど

## 4 –re, -oir動詞

語幹の変化4パターン

**①すべての人称で変化しない**：attendreなど

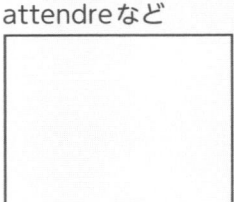

**②単数人称、複数人称で変わるもの**：lire, écrireなど

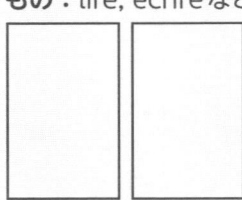

**③単数人称とils、nousとvousで変わるもの**：voir, croireなど

**④単数人称、nousとvous、ilsで変わるもの**：prendre, vouloirなど

## 5 複合過去①

- 助動詞がêtreのとき、過去分詞は主語と性数一致する
- 助動詞にêtreをとる動詞

  aller, venir, partir, arriver, entrer, sortir, monter, descendre, naître, mourir, rester, devenir, tomber, rentrer, revenirなど

- 過去分詞

  すべての-er動詞：**-er → -é**

  大部分の-ir動詞：**-ir → -i**

  その他：être → été, avoir → eu, faire → fait, dire → dit, venir → venu, mettre → mis, prendre → pris, attendre → attendu, voir → vu, ouvrir → ouvert　など

## 6 複合過去②

- avoir/être両方を助動詞にとる動詞
  passer, monterなど
- 自動詞の用法でもavoirをとることがある
  Le temps a passé.（時は過ぎた）
- 語順
  否定文：助動詞をneとpasではさむ
  倒置疑問文：主語と助動詞を倒置する
  否定倒置疑問文：「助動詞＋主語」をneとpasではさむ

## 7 複合過去と半過去

- 半過去の語尾
  **-ais, -ais, -ait, -ions, -iez, -aient**
- 半過去の用法：過去において継続中の行為・過去における状況・過去の習慣
- 半過去と複合過去
  **Quand＋複合過去, 半過去**（〜したとき、〜していた）
- 時の補語がpendant（〜の間）を伴うとき、複合過去を用いることが多い

## 8 その他の時制

- 大過去：助動詞の半過去＋過去分詞
- 単純未来の語尾

    **-ai, -as, -a, -ons, -ez, -ont**

    -er, -ir動詞：不定法＋語尾：donner → je donnerai

    -re動詞：不定法 − e ＋語尾：prendre → je prendrai

特殊な語幹をとる動詞：

　　avoir → j'aurai, être → je serai, aller → j'irai,

　　venir → je viendrai, faire → je ferai, voir → je verrai,

　　savoir → je saurai, pouvoir → je pourrai,

　　vouloir → je voudrai, devoir → je devrai,

　　envoyer → j'enverrai

## 9 代名動詞

- 再帰代名詞：me, te, se, nous, vous, se
- 代名動詞の意味：再帰的、相互的、受動的、本質的
- 性数一致

複合過去では、主語と過去分詞が性数一致する。

Elle s'est lavée.（彼女は彼女自身を洗った）

ただし、性数一致しない場合がある。

Elle s'est lavé les mains.（彼女は自分の手を洗った）

## 10 受動態

- 主語 + être + 過去分詞 + par(de) + 動作主
  過去分詞は主語と性数一致する。
- 時制はêtreで表す
- 受動態の主語になるのは、能動態における直接目的語だけ
- 代名動詞、onを使った構文で受動の意味を表すことができる

## 11 ジェロンディフ

- en + 現在分詞
  現在分詞：nousの活用 - -ons → -ant （nous finissons → finissant）
  例外：être → étant, avoir → ayant, savoir → sachant
- 意味：同時性（〜しながら）、手段（〜によって）、条件（〜すれば）、譲歩（〜なのに）

## 12 分詞構文

- 関係代名詞quiのように名詞を修飾する
  J'ai rencontré Cédric sortant du cinéma.
  （セドリックが映画館から出てくるところに出会った）
  ＊en sortantだと、「私が映画館から出てくるとき」の意味になる
- Ayant/Étant + 過去分詞で、完了（理由）を表す
- 絶対分詞構文（主節と主語が異なる文）
  Son fils étant malade, Madame Lebrun est absente.
  （息子さんが病気なので、ルブランさんはお休みです）
- 過去分詞構文（étantの省略された文）
  Habillée élégamment, Sarah va participer à la soirée.
  （すてきな服装をして、サラはパーティーに出ます）

## 13 条件法の活用、用法①

- 条件法現在：単純未来の語幹＋半過去の語尾
- 条件法過去：avoir/êtreの条件法現在＋過去分詞
- 現在の事実に反する仮定＝条件法現在
  Si+直説法半過去, 条件法現在
- 現実可能な仮定＝直説法
  Si+直説法現在, 直説法単純未来
- 過去の事実に反する仮定＝条件法過去
  Si+直説法大過去, 条件法過去

## 14 条件法の用法②

- 語気緩和（ていねいな表現）
  Je voudrais essayer cette jupe.
  （このスカートを試着したいのですが）
- 推測（未確認の情報）
  D'après une revue, cette actrice se marierait avec un homme d'affaires.
  （ある雑誌によると、あの女優はある実業家と結婚するらしい）
- 過去における未来（間接話法で）

## 15 接続法の活用

- 語尾：-e, -es, -e, -ions, -iez, -ent
  例外：avoir → j'aie, tu aies , il ait, nous ayons, vous ayez, ils aient
  　　　être → je sois, tu sois, il soit, nous soyons, vous soyez, ils soient
- 特殊な語幹
  faire → fass　pouvoir → puiss　savoir → sach
  aller, vouloirは、単数人称とilsで特殊な語幹をとる
  aller → j'aille / nous allions
  vouloir → je veuille / nous voulions

## 16 接続法の用法

- 名詞節
  Je veux que vous soyez gentils avec vos amis.
  (あなたたちが友達にやさしくすることを望みます)
- 形容詞節
  C'est le roman le plus intéressant que j'aie jamais lu.
  (これは今まで読んだ最も面白い小説です)
- 副詞節
  Parlez plus fort pour qu'on vous entende.
  (みんなに聞こえるようにもっと大きな声で話してください)

代名詞

## 17 補語人称代名詞

直接目的補語 me te le la nous vous les les
間接目的補語 me te lui lui nous vous leur leur

・代名詞の位置：動詞の前
　複合時制の場合は助動詞の前
　Je ne l'ai pas vu. (それを見ていませんでした)
　動詞が2つある場合は2つ目の動詞の前
　Je ne veux pas lui parler. (彼に話したくありません)

## 18 中性代名詞

| | |
|---|---|
| **en** | de＋名詞 |
| | 限定されていない直接目的語 |
| **y** | à＋名詞 |
| | 場所の補語 |
| **le** | 属詞の代わり |
| | 直接目的語の文や節 |

## 19 le, la, les と en

同じ人・物を指している（**定冠詞、所有・指示形容詞**がついている）
　→ le, la, les
同じ名詞を繰り返している（**不定・部分冠詞、数量表現**がついている）
　→ en

## 20 代名詞の語順

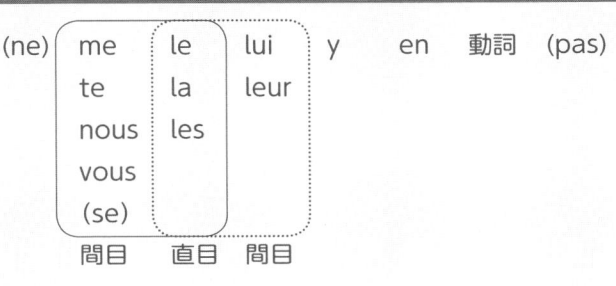

| 主語 | (ne) | me / te / nous / vous / (se) | le / la / les | lui / leur | y | en | 動詞 | (pas) |

　　　　　　　　　　　　　間目　　直目　　間目

間接目的語が1、2人称のとき「間接目的語＋直接目的語」
Tu ne me les montres pas ?
間接目的語が3人称のとき「直接目的語＋間接目的語」
Je le lui donne.

## 21 肯定命令文の代名詞

- 位置は動詞の後ろ
- ハイフンで結ぶ
  Buvez-le.
- 1、2人称単数の代名詞 me, te は強勢形になる
  Donnez-moi de l'eau, s'il vous plaît.
- 2人称単数の命令文で、y, en が続くと動詞の語末の s が復活する
  Vas-y.
- 代名詞が2つの場合、語順は「動詞-直接目的語-間接目的語」
  Présentez-le-nous.

## 22 関係代名詞 qui, que, où, dont

qui ＝先行詞が関係節の主語
que ＝先行詞が関係節の直接目的語（属詞）
où ＝先行詞が関係節で時、場所の補語
dont ＝先行詞が関係節で前置詞 de を伴う
　＊英語の whose に似た用法：la fille dont la mère est actrice
　　動詞が de をとる表現：le film dont on parle

## 23 前置詞を伴う関係代名詞

先行詞が人＝前置詞＋qui
先行詞が人以外＝前置詞＋lequel, laquelle, lesquels, lesquelles
　＊前置詞が à, de のとき縮約する
　à + lequel → auquel, à + lesquels → auxquels,
　à + lesquelles → auxquelles
　de + lequel → duquel, de + lesquels → desquels,
　de + lesquelles → desquelles
先行詞が ce, rien、前の文章全体＝前置詞＋quoi

## 24 関係代名詞 dont と duquel, de laquelle...

**dont**：先行詞が de を伴って関係節内で次の働きをするとき

- 主語を修飾する　　　　　un ami dont le père est avocat
- 直接目的語を修飾する　　l'exposition dont on a annoncé l'ouverture
- 動詞の補語になる　　　　le livre dont vous m'avez parlé
- 形容詞の補語になる　　　les fils dont Mireille est fière

**duquel ...**：de を含む前置詞句のとき

　　　　　　l'église en face de laquelle ils habitent

　　　　＊先行詞が人の場合は de qui

## 25 指示代名詞

- 性数変化する

  | celui | ceux |
  | celle | celles |

  単独では使われず、以下のような形容語とともに使われる
  - -ci, -là
  - de＋名詞
  - 関係節

- 性数変化しないもの

  **ce**
  - être の主語
  - 関係節の先行詞

  **ceci,　cela,　ça**

> 性数一致、比較級・最上級…

## 26 過去分詞の性数一致

**être＋過去分詞の構文で主語と過去分詞が一致**

- 複合時制　＊代名動詞では性数一致しないパターンがある
- 受動態

**直接目的補語が過去分詞の前にあるとき、過去分詞が直接目的語と一致**

- 人称代名詞　＊中性代名詞 en は性数一致しない

  Cette robe, c'est mon mari qui me l'a offerte pour mon anniversaire.

  (このドレス、夫が私の誕生日にプレゼントしてくれました)

- que で導かれる関係節

  Est-ce que vous avez lu tous les romans que je vous avais recommandés ?

  (私がすすめた小説は全部読んだのですか？)

- 疑問文・感嘆文

## 27 特殊な比較級・最上級

bien →×plus bien→ **mieux**
bon →×plus bon→ **meilleur(e)(s)**
beaucoup →優等 **plus,** 同等 **autant,** 劣等 **moins**
mauvais→ **pire**　mal→ **pis**　petit→ **moindre**

## 28 使役・知覚動詞

- 使役動詞
  **faire**（〜させる）　　**laisser**（〜するがままにしておく）
- 知覚動詞
  主語＋entendre, écouter, voir, regarder など＋不定法＋動作主
  （動作主が〜しているのを聞く、見る）

## 29 間接話法

- 平叙文：接続詞 que で文をつなげる
- 疑問文：疑問詞を接続詞として文をつなげる
  　　　　疑問詞のない疑問文は、si を接続詞にする
- 命令文：de ＋不定法
- 主節が過去の場合、時制の一致が起こる
  直接話法→間接話法／直説法現在→直説法半過去／
  直説法複合過去→直説法大過去／直説法単純未来→条件法現在／
  直説法前未来→条件法過去

## 30 que の用法

- 感嘆文、疑問代名詞
- 名詞節、関係代名詞
- ne〜que
  Je ne reviendrai d'Europe qu'après avoir visité plusieurs pays.
  （私は数か国訪れてからしかヨーロッパから帰ってきませんよ）
- 比較の que
  Il est plus gentil et courageux que vous ne le pensez.
  （彼はあなたが考えているよりも親切だし勇敢です）
- その他　　si (tellement)〜que　など

# 時制のまとめ

## 直説法

### 単純時制

**現在**
- Je travaille
- Je vais
- Je suis

~~単純過去~~

**単純未来**
- Je travaillerai
- J'irai
- Je serai

語尾は -ai, -as, a, -ons, -ez, -ont

**半過去**
- Je travaillais
- J'allais
- J'étais

語尾は -ais, -ais, -ait, -ions, -iez, -aient

### 複合時制

**複合過去**
- J'ai travaillé
- Je suis allé(e)
- J'ai été

助動詞がêtreのとき、性数一致に注意

**前未来**
- J'aurai travaillé
- Je serai allé(e)
- J'aurai été

助動詞の単純未来 ＋過去分詞

**大過去**
- J'avais travaillé
- J'étais allé(e)
- J'avais été

助動詞の半過去 ＋過去分詞

~~前過去~~

## 条件法

### 現在

Je travaillerais
J'irais
Je serais

- 語尾は半過去と一緒
- 語幹は単純未来から（特殊な語幹をとる動詞に注意）

### 過去

J'aurais travaillé
Je serais allé(e)
J'aurais été

- 助動詞の条件法現在＋過去分詞
- 助動詞がêtreのとき、性数一致に注意

## 接続法

### 現在

Je travaille
J'aille
Je sois

- 語尾は、-e, -es, -e, -ions, -iez, -ent（avoirとêtre以外）
- 語幹の作り方に注意

~~半過去~~

### 過去

J'aie travaillé
Je sois allé(e)
J'aie été

- 助動詞の接続法現在＋過去分詞

~~大過去~~

著者プロフィール

**稲垣正久**（いながき・まさひさ）
慶応義塾大学、法政大学、大妻女子大学、エスパス・ラング東京講師。
パリとトゥールに計7年留学。初級文法の教授経験が豊富で、明るい授業に定評がある。
著書に、『だいたいで楽しいフランス語入門』（三修社）がある。

フランス語校正
Grégory Fleurot

---

## もやもやを解消！ フランス語文法ドリル

2014年11月30日　第1刷発行
2024年 6月30日　第4刷発行

著　者　　稲垣正久
発行者　　前田俊秀
発行所　　株式会社 三修社
　　　　　〒150-0001　東京都渋谷区神宮前2-2-22
　　　　　TEL03-3405-4511　FAX03-3405-4522
　　　　　https://www.sanshusha.co.jp
　　　　　振替00190-9-72758
　　　　　編集担当　伊吹 和真
印刷所　　萩原印刷株式会社
製本所　　牧製本印刷株式会社

---

©Masahisa Inagaki 2014 Printed in Japan
ISBN978-4-384-05781-2 C1085

JCOPY 〈出版者著作権管理機構 委託出版物〉
本書の無断複製は著作権法上での例外を除き禁じられています。複製される場合は、そのつど事前に、出版者著作権管理機構（電話 03-5244-5088 FAX 03-5244-5089 e-mail: info@jcopy.or.jp）の許諾を得てください。

イラスト：とつかりょうこ
本文デザイン：スペースワイ
カバーデザイン：白畠かおり